# JEAN FAYEN

et la première carte du Limousin

(1594)

Extrait du *Bulletin de la Société archéologique du Limousin*, t. XLII

# JEAN FAYEN

ET LA

## PREMIÈRE CARTE DU LIMOUSIN

### 1594

Par M. Ludovic DRAPEYRON

Directeur de la *Revue de Géographie*

Secrétaire général de là Société de Topographie de France

LIMOGES

Vᵉ H. DUCOURTIEUX

7, RUE DES ARÈNES

PARIS

Ch. DELAGRAVE

13, RUE SOUFFLOT

1894

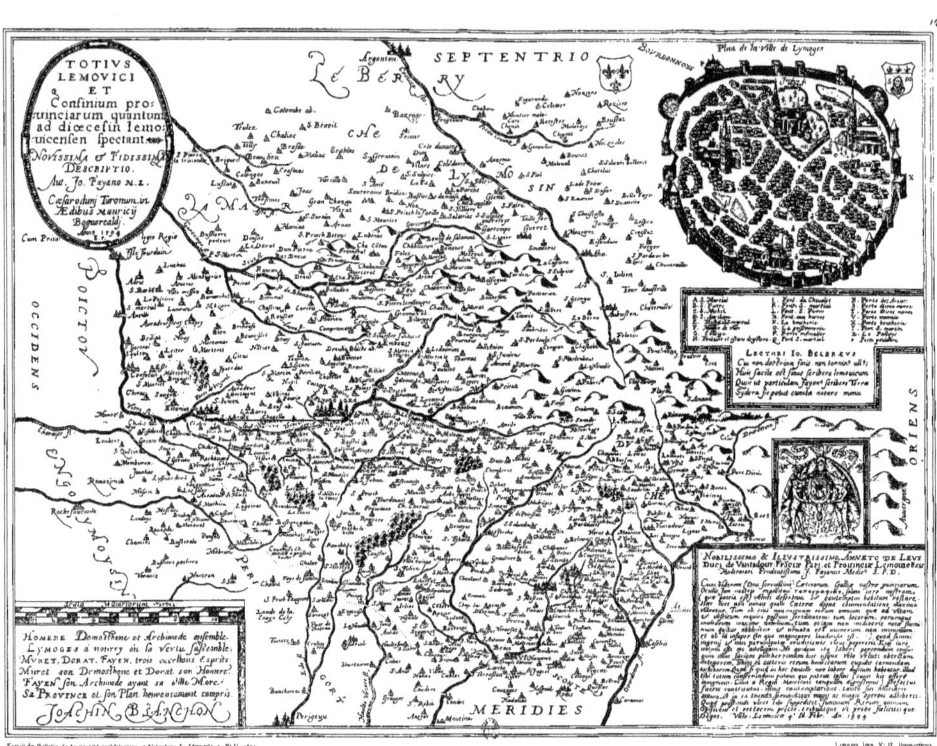

# JEAN FAYEN

## et la première carte du Limousin

### (1594)

***

## AVANT-PROPOS

Dès le mois de janvier 1889, nous avons publié dans la *Revue de Géographie*, que nous dirigeons, un travail intitulé : *L'Image de la France sous les derniers Valois et sous les premiers Bourbons* (1).

Nos recherches persévérantes à la Section de géographie et à la Réserve de la Bibliothèque nationale nous firent rencontrer bientôt dans cette dernière, sous la cote Fol. L 7, 2 Réserve, l'exemplaire du *Théâtre françois*, c'est-à-dire d'un atlas de la France, offert au roi Henri IV peu de mois après son entrée à Paris (1594). Cet ouvrage a été de notre part l'objet de deux communications faites en août 1889 et en mai 1890, l'une au deuxième Congrès international de géographie de Paris, l'autre à la section géographique du Congrès des Sociétés savantes à la Sorbonne ; toutes deux insérées dans le *Bulletin de géographie historique et descriptive* (1890), que publie le Comité des travaux historiques et scientifiques siégeant au ministère de l'Instruction publique et des beaux arts : 1° « Le premier atlas national de la France » (1589-1594) (tirage à part) ; 2° « l'Evolution de notre premier atlas national sous Louis XIII » (tirage à part).

Le *Théâtre françois*, en ses différentes éditions, contient une carte du Limousin, qui, comme lui, a vu le jour en 1594. Dès le 11 juin 1889, j'attirai sur ce point l'attention du Congrès des sociétés savantes, dans mon essai : *Jean Fayen, auteur de la première carte du Limousin et collaborateur de notre premier Atlas national*, resté inédit. Je poursuivis mes recherches sur ce cartographe et, au

***

(1) Communication faite, dans le grand amphithéâtre de la vieille Sorbonne, à la Société de topographie de France, le 4 novembre 1888, sous la présidence de M. Bardoux, sénateur, ancien ministre de l'Instruction publique, des beaux-arts et des cultes.

mois d'août 1890, je vins lire, à Limoges même, devant la section géographique (présidée par M. Anthoine) du Congrès de l'Association pour l'avancement des sciences, un mémoire plus étendu, auquel j'ai donné, au Congrès des Sociétés savantes, en juin 1892, un complément : *Examen de la carte de Jean Fayen.*

Quelque imparfaites que soient nos études sur ce sujet, nous avons cru le moment venu de les publier (1). En effet, nous touchons au troisième centenaire de la première carte du Limousin. Nous ne pouvions faire attendre plus longtemps ceux de nos compatriotes qui s'étaient bienveillamment intéressés à notre travail.

Sauf quelques modifications de détail, notre mémoire est tel que nous l'avions soumis au Congrès de Limoges.

Champfleury-de-Malibas (3), commune de Saint-Paul-d'Eyjeaux<br>(Haute-Vienne), le 21 septembre 1893 (3).

---

Je suis heureux de rendre en ce jour au Limousin une œuvre qui lui appartient à un double titre : comme le concernant exclusivement et comme exécuté il y a trois siècles, à Limoges même, par un de ses enfants. L'auteur de cette restitution étant lui-même un Limousin, un ancien élève du lycée de Limoges (4), on lui saura peut-être gré d'être venu faire cette communication sur ces bancs où il ne s'était pas assis depuis 33 ans (5), *longissimum œvi humani*

(1) Nous avons remis à plus tard la comparaison de la carte du Limousin par Fayen et celles de la même province dressées ultérieurement par Tassin, Nolin, du Val, Sanson, Jacques Cantelli, Robert de Vaugondy, etc.

(2) Malibas, d'où nous datons ces lignes, ne figure pas dans la carte de Fayen, mais il est dénommé dans un arrêté de compte datant du règne de Louis XI (13 août 1479), publié par M. Louis Guibert (Bulletin de la Société archéologique de la Corrèze, tom. VII, 2º livraison, Brive, 1885, p. 277.) Quant au nom de Champfleury, ancien « Mas-du-Tet », il a été donné par mon grand-père, M. Navières de Laboissière (1793-1877), ancien inspecteur d'Académie, il y a quarante ans, à la demeure édifiée par lui.

(3) A cet avant-propos, nous joignons de vifs remerciements à l'adresse des Bibliothécaires de la Bibliothèque nationale, notamment à MM. Gabriel Marcel, chef de la section géographique ; Richert (de la Réserve), Bertal et Pillon-Dufresne.

(4) Où j'ai fait mes études de 1849 à 1857.

(5) La section de géographie du Congrès siégeait précisément dans la classe où j'ai suivi les excellentes leçons de M. Charles Grandsard, professeur de seconde au lycée de Limoges, puis professeur de rhétorique aux lycées de Strasbourg et de Rouen, mort il y a quelques années dans cette dernière ville, peu de temps après avoir pris sa retraite.

*spatium*, vers la fin d'une carrière scientifique laborieuse. J'ajou-
terai que c'est à la Société archéologique du Limousin, dont je suis
membre correspondant, que ce manuscrit est réservé, puisqu'elle
nous a fait l'honneur de le réclamer pour son Bulletin.

Dans la *Revue de Géographie*, à la Sorbonne, dans quelques congrès, nous avons, à plusieurs reprises, montré l'intérêt que pouvait
offrir une enquête sur les auteurs des premières cartes françaises
reproduites par la gravure et sur ces cartes elles-mêmes (1). Aujour-
d'hui nous attirerons l'attention de la section de géographie du Congrès de l'Association pour l'avancement des sciences sur l'un de
ces ouvriers de la première heure, sur notre vieux compatriote,
Jean Fayen, auquel est due la première carte du Limousin.

Jamais carte ne fut accueillie avec plus de faveur et célébrée avec
plus d'éclat lors de son apparition. Nulle peut-être, dans ces premiers
temps de la cartographie française, ne jouit d'un plus long crédit.
Aussi le nom de Fayen n'est-il jamais tombé complètement dans
l'oubli en cette ville. Dans *Limoges d'après ses anciens plans*,
étude parue en 1883, M. Paul Ducourtieux l'a d'ailleurs amplement
rappelé à notre souvenir.

Quel était au juste le nom de l'auteur ?

Faut-il écrire *Fayen* ou *Fayan?* Le nom de *Fayanus*, qui figure
dans toutes les éditions de la carte du Limousin, semblerait trancher
la question. Au siècle dernier, le géographe Robert de Vaugondy
disait « Fayan », comme son contemporain l'abbé Vitrac qui fut
directeur du Collège de Limoges. Si les documents français du
xvi⁰ siècle font incontestablement préférer l'orthographe *Fayen*, la
prononciation *Fayan* est prouvée par la forme latine *Fayanus*.
Quant à nous, quelque faible que nous puissions avoir pour son nom
de savant, son nom en *us* « Fayanus », par abréviation « Fayan »,
nous dirons désormais « Fayen », pour faire comme tout le monde,
sur les bords de la Vienne.

Ancien, à coup sûr, était le nom de Fayen ou Fayan à Limoges.
Tout récemment, M. Louis Guibert a rencontré, aux Archives de la
Haute-Vienne, fonds Saint-Martial, dans un acte du 21 avril 1455, un
siècle et demi avant l'époque dont nous traitons, un *Junianus
Fayani clericus curiæ Lemovicensis*.

Notre cartographe est souvent désigné ainsi : *le sʳ de Fayen.*

(1) On sait que le Limousin peut être l'objet de bien des travaux géographiques intéressants. C'est un éminent érudit, M. Deloche de l'Institut,
natif de Tulle, qui en a donné le signal dès 1864 par ses *Etudes sur la
Géographie historique de la Gaule et spécialement sur les divisions
territoriales du Limousin au Moyen-âge.*

Déjà d'un certain âge au début du règne de Henri IV, on peut supposer qu'il était né vers le milieu du règne de François I<sup>er</sup>. D'autre part, dans un acte de l'an 1611, que le savant archiviste de la Haute-Vienne, M. Alfred Leroux a relevé (*Inventaire des archives de la Haute-Vienne*, page 82), il est question de « feu M<sup>e</sup> Fayen, docteur en médecine ». Il semble avoir laissé un fils, Joseph Fayen, docteur en médecine également, qui, marié à dame Simone de Loménie, serait mort dès 1622. Faut-il croire, d'après Florimond de Reimond (*De la naissance de l'hérésie*, l. VII ch. IX) que Fayen, le père, notre Fayen à nous, était calviniste et qu'il n'abjura qu'*in extremis* ? Pierre Robert du Dorat, dans une *Chronique* composée vers 1640 (1), le fait assister, à ses derniers moments, par les jésuites. Or, les *Annuæ litteræ Societatis Jesu* du Collège des Jésuites de Limoges ne parlent pas de cette conversion, et Reimond a vraisemblablement confondu Fayen avec quelque autre médecin de Limoges.

Comme nous le montre la *Biographie des hommes illustres de l'ancienne province du Limousin* (Limoges, 1854), de MM. Auguste Du Boys et l'abbé Arbellot, (2) une certaine animation littéraire et scientifique régnait à Limoges, vers l'année 1594, date à laquelle nous reporte la question que nous traitons ici. Cette ville se glorifiait très justement du fameux latiniste Antoine Muret et du poète Jean Dorat, célébrés par Montaigne et Ronsard, leurs élèves, alors décédés récemment (3). Un avocat de Limoges, Jean Beaubreuil, était allé voir à Rome son compatriote Muret et en était revenu avec une tragédie d'*Attilius Regulus*. Un poète de profession, Joachim Blanchon, qui, comme Beaubreuil, devait célébrer Fayen cartographe, était né également à Limoges.

Jean Fayen fut lui-même poète à ses heures. Mais ce fut surtout un savant. Après ou avant la médecine, qu'il exerça avec plus ou moins d'assiduité, il s'adonna aux mathématiques et à la géographie auxquelles il fut redevable de sa renommée.

Or, en 1593, les médecins de Limoges, plus nombreux, paraît-il, que diligents, étaient pour une question de préséance, en querelle ouverte les uns avec les autres. Les *Registres consulaires* s'expriment ainsi à ce sujet :

(1) Publié dans les *Chartes, chroniques et mémoriaux sur la Marche et le Limousin*, de M. Leroux, 1886, p. 276.

(2) On trouve aussi une courte notice sur Fayan (Jean) (*sic*), dans les *Annales de la Haute-Vienne*, connues surtout sur le nom de *Petit Salé*, n° du 9 août 1811, p. 1.

(3) Muret en 1585 ; Dorat, plus âgé, en 1588.

« *Accord faict sur l'altercation et diferent des medecins de la present ville a cause de leurs preferences, contenant le reglement qu'ilz doibvent tenir entre eux, par forme de provision* (1).

» Aujourd'hui trentiesme janvier mille cinq cents quatre vingtz et treize, apres midy, en la chambre du Conseil de la maison commune de la ville de Lymoges, ont esté presentz : honorables Messieurs Fransois Verthamont, prevost ; Guillaume Garreau, conseiller et juge ma gistral au siege presidial de Lymoges ; Simon Ladral ; Martial Bayard ; Francois Disnematin dict le Dorat ; Hugues Barbou ; Joseph Legier et Mᵉ Mathieu Boulet, consulz de la dicte ville de Lymoges ; venerable maistre Jehan de Puysillon, doyen de l'eglize de Lymoges ; monsieur le prescheur maitre Isaac Cibot, avocat du roy, Jehan Nicolas et Jean Desmaisons, advocatz ; Joseph Dauvergne et Durand Brugiere, auxquelz a esté proposé par le dict sieur Verthamont, prevost, que lesdicts sieurs consulz ont receu et recoivent journellement plusieurs grandes plainctes de ce que les medecins de ceste ville, lorsqu'ilz sont appelles pour voir et visiter des malades, ne veulent s'assembler pour deliberer sur leurs maladies et remedes de guerison, ains, s'il y a un medecin en une maison, l'aultre n'entrera pour voir le malade que le premier ne se retire ; et si les parents du malade font tant qu'ilz puissent par prieres et importunites les assembler, il y a tousjours de la contention entre eux, et ne s'en peut tirer aucune bonne resolution, pour la contrarieté et dissention qu'ilz ont ensemble, laquelle procede de ce qu'ils ne veulent deferer ni ceder l'un a l'aultre, ains demandent tous avoir le premier rang et degré, disantz, ascavoir : M. Fayen, qu'il est plus ancien, M. Guerin de mesme, et qu'il a plus practiqué, et M. David qu'il est docteur, et combien qu'il soit plus jeune, toutesfois, a cause du degre, il doibt estre preferé aux aultres ; de maniere que, pour raison de ce different, plusieurs malades sont maltraites, les drogues des appothiquaires ne sont pas visitees, et le public en souffre grand dommaige ; pour a quoy remedier, lesdicts sieurs consuls ont faict appeler lesdicts sieurs doyen et aultres, pour adviser s'il y auroit quelque moyen d'accorder lesdicts medecins, affin que le public n'en souffre plus d'incommodité. Sur quoy, ayant esté bailles plusieurs advis en l'assemblee, lesdicts medecins, ayant esté appeles, se sont convenus et accordes par provision et pour le bien du pays, sans prejudice de leurs droicts et prerogatives et preeminences, comme s'en suit :

---

(1) *Registres consulaires de Limoges,* publiés par la Société archéologique et historique du Limousin, sous la direction d'Emile Ruben, et continués par Louis Guibert. *Limoges, Vᵉ Ducourtieux,* 1867-1892, 5 vol. in-8º (le 6ᵉ en cours), t. III, p. 5.

» Savoir est que, dores en avant, un chascun deux jouyra de la preference et preeminence durant troys moys, et l'aultre apres consecutivement l'un apres l'autre durant trois moys. Commencera ledict sieur Fayen le premier durant troys moys prochains, qui commenceront lundy prochain premier jour de febvrier ; ledict sieur Guerin apres, aultres troys moys consecutifs alternativement. En ce que celluy qui aura achevé ses troys moys demeurera le dernier les trois moys en suivans. Et ainsi continueront jouir desdictes preeminences, preseances, honneurs et preferences, tant qu'il plaira a Dieu les y maintenir, et jusques a ce que aultrement par justice en soit ordonné, sans que aucun d'iceux y puisse contrevenir, pour quelque occasion ou subjet que ce soit, a peyne d'etre declaré perturbateur du bien et repos public. Neanmoins a esté accordé que s'il se presentoit aulcun aultre en ceste ville, cité que fauxbourgs, qui voulut exercer ledict estat de medecin, qu'il ne sera receu a ce faire qu'il n'aye de prealable monstré de ses degres, suyvant les ordonnances royaux. Dont et de quoy lesdicts sieurs consulz ont requis acte au notaire et scribe de ladicte maison commune soubsigné, qui leur a esté concedé soubz le scel de la vicomté de Lymoges, les jours et moys que dessus.

Ainsi signé : F. Verthamont, consul, prevost; Fayen, medecin, sans prejudice de droictz de preference qui me sont acquis despuis la mort de feu monsieur Paris de Buat ; Guerin, sans prejudice de ma plus avancee experience, ou contre l'usage et estude ez universites ou le plus longtemps j'ai versé et aussi practiqué ; David, docteur medecin, sans tirer à consequence ou deroger a ses droictz et qualites ».

Si Molière eût connu cette anecdote nul doute qu'il n'en eût enrichi ses traits satiriques sur les médecins. Désireux, paraît-il, de se venger de Limoges, pour l'accueil peu empressé qui lui avait été fait dans cette ville, il eût préféré sans doute traduire sur la scène comique « le médecin limousin » plutôt que « le gentilhomme limousin », beaucoup moins authentique. Notre Fayen, on le voit, l'a échappé belle !

L'apaisement ne se fit pas de sitôt dans le corps médical de Limoges. Deux ans après cet accord fameux conclu « en présence et sous l'autorité d'honorables Messieurs les Consuls de la ville de Limoges », éclata une terrible peste qui décima la population. Le docteur « Jehan David », objet de la jalousie générale comme docteur, s'avisa de publier, à Limoges même, chez l'imprimeur Hugues Barbou, un volume in-16 de 112 pages, intitulé : *Traicté de la peste contenant les causes, signes, précaution et cure d'icelle, ensemble des causes et cure de la maladie populaire qui a régné l'an-*

*née dernière passée* 1595. D'abord en latin, et en français (1596).
Les médecins limousins ne laissèrent pas échapper l'occasion de se
venger d'un confrère trop savant et trop orgueilleux. David avait
écrit :

« A un fort long et violent hiver succèda un peu de printemps
austral, et bientôt après une subite et longue chaleur de l'été,
accompagnée de vents méridionaux qui continuèrent presque tout
le cours de l'année : c'est ce qui a été la principale cause de la
maladie populaire qui a régné toute la dite année. »

Un des adversaires de David, Chabodie, originaire de Rochechouart, protestant converti, qui, avant de se fixer à Limoges, avait
étudié à Montpellier et dans d'autres célèbres écoles de l'Europe
s'empressa de réfuter, chez le même éditeur, Hugues Barbou (1597),
cette thèse à base météorologique, pour laquelle notre siècle eût
été plus indulgent. Il publia : *Examen cujusdam tractatus de peste
novissime in lucem editi, cum accuratissima præservatione et curatione
pestis.*

Fayen, qui devait être parent, par alliance, de Jean David, puisque tous deux avaient épousé une Paule Benoist (dont le nom nous
rappelle l'un des théologiens mandés à Saint-Denis pour la conversion de Henri IV), Fayen, dis-je, n'écoutant que ses griefs person-
nels, n'hésita pas à prendre parti pour Chabodie. En effet, parmi
ses poésies, on remarque jusqu'à six éloges, tant en vers latins,
qu'en vers français, de la réfutation de Chabodie.

Quant aux « secrets thérapeutiques » de Fayen, ils n'ont pas
cessé de mériter leur nom, étant restés inédits.

Heureusement pour sa gloire, Jean Fayen n'avait pas consumé
les années critiques 1592-1595 en de vaines disputes avec les médecins de Limoges, ses confrères ; il avait, sur la demande de Maurice
Bouguereau, éditeur de Tours, collaboré à notre premier atlas
national et dessiné la première carte du Limousin, accompagné
du plan de la ville de Limoges.

La carte du Limousin a dû être composée à deux pas d'ici, on
pourrait dire ici même, car Jean Fayen, médecin, est signalé, ainsi
que nous l'a appris M. Guibert, d'après le Répertoire de Saint-
Martial aux archives de la Haute-Vienne, comme demeurant rue
Boucherie (du Collège), près du Gras de Saint-Pierre, en 1550 (1).

(1) En 1538, Gabriel Roche vend à Jean de Fayen, médecin, une maison
rue Boucherie (*Ibid*). En 1604 et 1622, Simone de Loménie, veuve de
Joseph Fayen, vend une maison au Recteur du Collège des Jésuites.
(*Archives départementales, Fonds du Collège*, 53). Voir *Inventaire du
fonds du Collège de Limoges* (D. 23) (Contrats de vente, 1527-1531).

Il appartenait certainement à la ville ou Château de Limoges et non à la Cité, qu'il a exclue de son plan de Limoges.

Nous ignorons de quels documents il s'est servi. Mais il y a lieu de croire qu'il institua par lui-même une vaste enquête. Peut-être, comme le suppose M. Alfred Leroux, a-t-il chargé de ce soin le Bureau des finances de Limoges dont les archives sont perdues. Jouvin de Rochefort, qui a publié cinquante ans plus tard, une carte de Limoges, était lui-même trésorier au dit Bureau.

Après l'avoir achevée, il en fait hommage au duc de Ventadour, gouverneur du Limousin. Nous traduisons *in extenso* cette dédicace, dont le texte latin original accompagne la carte de Fayen :

« Au très noble et très illustre Anne de Lévis, duc de Venta-dour, pair de France, et très sage gouverneur du Limousin, Jean Fayen, médecin. Comme je voyais exposée à mes regards la topo-graphie des provinces de notre Gaule, tandis que la nôtre, celle de notre patrie, restait comme abandonnée et dédaignée (et pourtant elle est aussi digne d'estime que les autres au point de vue de sa grande fertilité pour ce que peuvent requérir la nourriture et l'habillement, du grand nombre de localités dont beaucoup sont célèbres, de la renommée non médiocre des rivières qui l'arrosent et en font l'ornement, du grand talent et de l'érudition très répandue des hommes qu'elles a enfantés, ce qui est son plus grand titre de gloire) ; me considérant à bon droit comme né pour cette tâche, j'ai cru que je ne devais pas me donner de repos avant d'avoir décou-vert à ta vue et à celle des amateurs des œuvres de l'esprit, sa figure, si belle, jusqu'ici couverte d'une sorte de voile. Que si dans ce très petit travail, il y a quelque mérite, j'ai estimé que je devais te dédier le tout à toi, qui, comme le plus digne, a été institué par la Majesté Royale, gouverneur de cette patrie même dont je t'offre l'image. Puisse-tu en la contemplant t'attacher à elle d'un tel amour que tu t'appliques de plus en plus à la protéger et à la con-server ! Je prie le souverain auteur et gouverneur de toutes choses de t'en donner la force et de t'accorder une existence probe et heu-reuse ! Adieu ! A Limoges, le 17 février 1594. »

Comme nous le rappelle Saint-Simon (1), la maison de Lévis ti-rait son origine d'une terre de ce nom situé près de Chevreuse et de Versailles. Ce fief de très petite étendue était alors possédé par le duc d'Uzès. Au xv<sup>e</sup> siècle, Louis de Lévis avait épousé l'héritière de Ventadour, en Limousin (Ussel). Son petit-fils Gilbert III, reçut en 1578, du roi Henri III. les titres de *duc* de Ventadour et de cheva-lier du Saint-Esprit ; en 1589 celui de pair de France. Comme lui,

_____

(1) *Ecrits inédits de Saint-Simon*, publiés par M. P. Faugères, p. 422.

son fils, Anne, duc de Ventadour, fut sénéchal et gouverneur du Limousin (1591). Au sacre de Henri IV, il représente le comte de Champagne. Sous Louis XIII, nous le voyons présider, comme lieutenant-général, à l'ouverture des Etats du Languedoc (1622). Il mourut peu de mois après. Il s'était marié, en 1593, à sa cousine germaine, Marguerite, fille de Henri, dernier connétable de Monmorency, qui lui survécut trente-huit ans. Les armes de Ventadour, reproduites sur la carte de Fayen, portent pour exergue : *Duris dura frango*. Ajoutons que cette famille, qui avait paru dans tous les guerres sans y jeter un vif éclat, s'éteignit en 1717. La dernière duchesse de Ventadour fut gouvernante de Louis XV.

La carte de Fayen est datée du 17 février 1594. Or, c'est dix jours après, le 27 février qu'eut lieu le sacre de Henri IV. Cette coïncidence ne manque pas d'intérêt. On peut supposer que le duc de Ventadour la présenta lui-même au roi avant son entrée à Paris. (21 mars 1594).

Pour premier admirateur, Jean Fayen eut son propre éditeur, celui par les soins duquel sa carte avait été gravée à Tours.

Dans la dédicace de son *Théâtre francois* au roi Henri IV, Bouguereau (1) le désigne ainsi :

« Maître Jean Fayen, médecin à Limoges et excellent mathématicien et géographe, lequel n'a épargné pour le zèle et honneur qu'il a à sa patrie ny despence ny temps, outre la sollicitude de son esprit pour rendre parfaite la charte de vostre vicomté de Limoges. »

L' « avertissement aux bénévoles lecteurs » mentionne également « Maître Jean du Fayen, Limousin ».

Un peu plus explicite, la notice qui accompagne la carte du Limousin s'exprime de la façon suivante :

« Ne voulant taire icy la vigilance qu'a eu le seigneur du Fayen pour l'élucidation de cette province, lequel mérite le prix de ceux qui géographiquement dépeignent leur ville et pays naturel. »

Et rappelant les titres de gloire de la province :

« Je ne tairai non plus cet Homère gaulois et Pindare grec latin, Jean Dorat, le plus rare et subtil esprit poétique de nostre temps, comme aussi Anthoine Muret, duquel les œuvres rendent témoignage de son savoir. »

C'est à ces deux hommes illustres que Fayen reste associé, non seulement en prose, mais en vers.

---

(1) Pour Bouguereau, consulter nos travaux, déjà cités plus haut, parus dans le *Bulletin de géographie historique et descriptive*.

Homère, Démosthène et Archimède ensemble
Lymoges a nourri où la vertu s'assemble.
Muret, Dorat, Fayen, trois excellents esprits.
Muret, son Démosthène et Dorat, son Homère,
Fayen, son Archimède, ayant sa Ville Mère,
Sa Province et son Plan heureusement compris.

Joachim BLANCHON.

La poésie latine du temps exalte encore davantage Jean Fayen.

LECTORI IO BELBRÆUS.

Cui non doctrinæ finis, non terminus ullus
   Huic facile est fines scribere lemouicum,
Quin ut particulam Fayanus scribere terræ
   Sydera sic potuit cuncta notare manu.

Ces derniers vers nous donnent le secret de la popularité de
Fayen. Rien de plus rare alors en France, la future patrie des
cartes d'état-major, que les géographes mathématiciens. Fayen, du
moins, les éclipsa tous, à Limoges et à Tours.

Le Limousin à son tour est l'objet de vifs éloges en prose et en
vers, qui accompagnent la carte de Fayen dans l'édition princeps
du *Théâtre françois*.

*De origine Lemovicum*
*ab authore Joanne Puncteio, Parisino*

Ecce Lemouicolæ sedes gratissima genti,
Quę gradibus nouies quinis semisséque lata
Prospectum tollens gelidas assurgit ad Arctos,
Longa sub occiduum nascenti ab sidere tendit,
Et ferit Aruernas Eoo ab lumine cautes
Stagnosis quoque Biturigum contermina campis
Sed quâ Phœbus equos mergente sub ęquore tingit,
Angolmum et partem prospectat Pictonis arui,
Ceu dat Bituriges spectare et Pictonas ursa,
Petragoris media quam sol conjungit ab arce,
Cum quibus est illi morum percrebior usus,
Vicinis quàm cum reliquis. Aquitannica tellus
Hanc habet, hanc nulli morum bonitate secundam,
Irrorat superas sinuosis fluxibus oras
Montibus emanans Mile vaccis alma Vienna,
(Vignanam indigenæ patrio sermone profantur)

Inde Lemouicium præceps defertur in urbem,
Partem urbis vallis, ceu partem cliuus adornat,
Quâ patet insignis, diuorum gloria, templi
Cultus honos, Stephanôque pio concredita sedes.
    Samotheâ fama est Gallos de stirpe Gomeri (1)
Hoc tenuisse solum, Nohemi quo tempore proles
In varias hominum dispserserit agmina plagas,
Hinc Aboriginibus populum constare cateruis.
Nulla Lemouicium quem sors mutare coegit
Nomen adhuc, Phrygios nisi vis migrasse colonos
Sedibus, Aluerno et rectore Lemouice terras
Incoluisse nouas, patriæ queis damna levarent.
    Frugibus at mirum sterilis siue ubere glebæ,
Et tumidi nullo fluuii penetrabilis aluco,
Affluxu quàm visa hominum florere frequenti,
Quàm sit et omne genus promendis mercibus apta.
    Terra potens armis, Anglis Impervia quondam,
Francorum expertis celeres super ardua vires.
Urbs tamen hæc bello Visigothûm obsessa sinistro
Quos Scythica quondam Galles deduxerat ora,
Pondera sustollens cladis, tendebat ad altum,
Nec pressa oppressa est Anglûm furialibus ausis.
    Transactis decies sex commemoratur ab annis,
Inuentas muro sublapso ædisque ruina
Relliquias æui dantes miracula prisci,
Illa Senatorum effigies statuasque ferebant,
Mercuriumque Scopæ fusum siue arte Perilli,
Argentum ambæsos statuæ decorabat ocellos.
Hinc, propter muros memoranda figura Leænæ
Visitur, unde Austri terris spiramina torquent ;
Quæ pedibus geminos uncis implexa catellos
Hæc tria metra tenet basi subscripta rotundæ :

ALMA LEÆNA DUCES SÆVOS PARIT, ATQUE CORONAT.
OPPRIMIT HANC NATUS VAIFER MALESANUS ALUMNAM,
SED PRESSUS GRAVIVATE LUIT SUB PONDERE PŒNAS.

La notice suivante, fort abrégée, est extraite de la « Cosmographie universelle de tout le monde, auteur en partie Munster, mais

(1) Gomer fut, d'après la Bible, fils de Japhet ; il est regardé comme le père des Galates, primitivement appelés Gomares, et des Gaulois en général.

beaucoup plus augmentée, ornée et enrichie par François de Belleforest, comingeois, tant de ses recherches, comme de l'aide de
plusieurs mémoires envoyés de diverses villes de France par
hommes amateurs de l'histoire et de leur patrie. *A Paris, chez
Michel Sonnius, rue Saint-Jacques, à l'Ecu de Basle, 1575, avec
privilège du Roy et de la Cour* ». Dans Belleforest, cette notice a
pour titre : « Du Pays du Limousin et étendue d'icelui, villes et
seigneuries qui y sont comprises, et de la cité et vicomté de
Limoges, et ancienneté de cette ville » (pages 207-220).

*Du pays de Lymosin, de son antiquité et origine, et des choses dignes
de remarque.*

« Entre toutes les provinces subjuguées par l'effort des Romains,
et pareilles ruines qui ont causé changement de nom, tant aux villes
que Peuples : Limoges et tout son Lymosin peut se vanter de
n'avoir jamais changé le sien, quelque affliction qui lui soit advenue.
Et qui plus est l'on trouvera, que les mesmes villes ruynées par
leurs esnemys, ont esté rebasties ou réedifiées par les aborigènes du
Pays sans avoir non plus changé de nom. Vivans soubs l'obeissance
des Roys avec autant d'honneur et richesses, qu'elles eurent jamais,
gardant tousiours leur tiltre non seulement au Pays, mais en leur
capitale ville de Lymoges, comme César mesme en fait mention.
Nos Cosmographes tiennent qu'ils sont aborigènes des Gaulois,
sortis de Samothé, et de la race Gomorithe, qui du temps des enfans de Noë estoit semée et nourrye en cette contrée, lors de la
dispersion qu'ils feirent des peuples qui habitent cette region boc-
cageuse. De dire l'occasion du nom, il ne nous en paroist rien, si
nous ne voulions pas opposer quelque nom d'homme approchant
de la prolation du mot *Lemovices* ou *Lemovicum* : ou que son Premier fondateur se fust nommé Lemovix, comme *Bituriges* à *Biturix*.
Or, est-il, qu'ainsi que l'homme ne peut comprendre l'origine du
Createur, parce qu'il est creature, estant reputé pour fol lorsqu'il s'y
vouldroit aheurter. Ainsi puis que nos Ancestres ne nous ont rien
laissé de la plus grande partie de leurs Origines et fondateurs, pour
néant nous tascherions à songer d'ou nos Originaires (depuis la
creation du monde) seroient venus. Laissant doncques ses diffi-
cultez la, et nous tenans à la stabilité du nom de Lymoges et Lymosin. Nous dirons que Lymoges, capitale du Lymosin a en son elevation,
quelque quarante cinq degrez et demy de latitude septentrionale,
ayant sa longueur du levant au Ponent : et ses fins qui l'avisinent en Berry, et Auvergne vers le levant. Au Ponent luy est En-

goulmois, et partie du Poictou, comme mesme luy est le Poictou et
Berry au Septentrion, et au midi le pays de Perigort, avec lequel
elle a plus de ressemblance, qu'autres qui l'avoisinent, ayant presque
en sa circonferance autant de large que de long, et aussi grande
que Seigneurie qui soit en Aquitaine contenant deux Eveschez, et
plusieurs sieges Royaux. Cette province est partie en deux à sçavoir,
le haut et bas Lymosin, et n'est qu'un gouvernement, et sene-
chaussée, dependant du Parlement de Paris, dont le Seneschal
preside en l'une et l'autre partie. Le haut païs est separé du bas,
par les Chastelenyes de Massere, et le ruisseau de Bredasque, de
haute Vezeres, et du pay de la Marche, le tout ayant dix neuf lieues
d'espace, qui en vallent quarante francoises, tout iceluy païs, contenant en proportion quatre vingts lieues francoises. Et pour le
regard du haut païs, depuis Vareille qui est à une lieue de la Souterraine, jusques audict ruisseau, il y a pareille espace. Le haut
pais est arrosé de la rivière de Vienne, dicte en langage Lymosin
Vignane, qui sort des montaignes de Millevacces, et vient à Lymoges:
passe à Chastelleraud, tumbe à Candes dans Loyre. L'autre fleuve
arrosant le haut Lymosin, est la haute Vezere, qui sortant des estangs
de Forsac, pres Masseret, se rend a Ségur, et passe au Perigort.
Lymoges est assise partie en valon, partie sur la croupe d'un mon-
ticule du costé de Sainct Martial, et le valon vers la rivière de
Vienne, ou est la Cité et l'eglise Cathedrale dediée à Sainct Estienne,
par Sainct Martial, lequel, fut premier Evesque de Lymoges, luy
ayant succedé, jusques à Sebastien de l'Aubespine le nombre de
quatre vingts Evesques. Au haut de la ville y a la belle fontaine et
estangs d'Eygoulene, qui servent, non seulement, à la commodité
des hommes et abreuvoirs de chevaux, mais à certains jours, et
heures de la semaine estans desbondez, les serviteurs et servantes
se tiennent prests pour nettoyer les rues et jetter les ordures,
lorsque l'abondance de cette eau passe pardevant leurs maisons.
En l'abbaye de Luzerche, bastie par le roy Pepin, se trouve un livre
escrit à la main, lequel tient que Lymoges fut jadis royaume. Quoy
que ce soit la ville de Limoges a tousiours esté gouvernée par
Comptes. Les Ruynes qui se voyent, vers les vignes qui l'avisinent
montrent la grandeur dont elle a été ceincte. Elle a esté érigée en
vicomté, voire le plus grand en digneté que autre qui soit en France,
eu esgard à sa juridiction, qui fut jadis ambulatoire. Sa première
ruyne vient des Romains, puis les Goths, puis les Francois, puis
Charles Martel, puis Pepin le Bref, et pour but de misere, fut
ruynée par les Anglois, neaumoins a present est plus riche que
jamais. Le mesnagement des Lymousins est si grand qu'aujourd'huy
elle se voyt autant marchande qu'autant qui se puisse voir. Elle

abonde non seulement en bons artisans de tous mestiers, mais aussi en peinture faicte en esmail, estant surtout aornée d'hommes doctes et curieux.

Ne voulant taire icy la vigilance qu'a eu le Seigneur du Fayen pour l'élucidation de cette province, lequel mérite le plus de ceux qui Géographiquement depeignent leur ville et païs naturel. Je ne tairay non plus c'est Homere Gaulois et Pindare Grec Latin, Iean Dorat, le plus rare et subtil esprit Poëtic de nostre temps, comme aussi Anthoine Muret, duquel les œuvres rendent tesmoignage de son sçavoir. Les paysans ne separent guère n'y leur famille, n'y leurs biens, parceque vivans sobrement avec leurs enfans, bruz et lignée sans icelle partager, le bon homme verra jusques.à sa quatriesme generation, tellement qu'a ce moyen, estans si eloignez de consaguinité, il se peuvent marier, sans dispense les uns aux autres : s'estant trouvé quelques foys jusques à cent tous en une maison et tous parens (1). Les maisons illustres du haut Lymosin, sont Pierre Buffiere, Chasteauneuf, les Cars ores Comté, de laquelle est issue celle de Vauguyon, la Roche-chouard, le Magnac et infinité d'autres. Comme ensemblable au bas Lymosin sont celles de Ventadour, Combort, Tureine, Pompadour, Maumont, Roffignac, de laquelle est sortie Messire Chrestophle de Roffignac, chevalier et president en la Cour de parlement à Bordeaux, les maisons de Maumont, de Sainct Jal, Gemel, et autres qui seroyent longues à reciter. De ce païs sont sortis d'excellents hommes, qui par leur vertu ont acquis les degrez de Pape, et Evesques, et infinité de chevaliers. Limoges à outre son siege presidial et ressorts d'iceluy, la recepte des deniers royaux dud. païs et de Franc-Aleu et outre, la jurisdiction de la Viscomté apartenant au Roy de Navarre, à present Roy de France. Puis la pollice des Seigneurs de l'hostel de ville, la Cour des Consuls pour les marchans. A Tulle, outre l'Evesché y a maintenant siege presidial (2) et bailliage, eclipsé de ceux de Brive, et

(1) Avons-nous besoin de faire observer à quel degré, ce témoignage plus de trois fois séculaire confirme les vues émises par M. Louis Guibert dans *La famille Limousine d'autrefois d'après les testaments et la coutume* ? Limoges, Vᵉ Ducourtieux, 1883.

(2) M. Alfred Leroux nous a écrit, après communication de ce texte : « Le présidial de Tulle, décrété peut-être dès 1635, comme beaucoup d'autres, ne fut certainement établi qu'en 1637. » Or, cette erreur remonte, on le voit, à l'Atlas de 1594. « L'erreur, dit M. Leroux, s'explique à mes yeux par ce fait que Tulle, *capitale* du Bas-Limousin, et siège d'évêché, devait, en effet, pour les gens mal informés, posséder la juridiction suprême du Bas-Limousin, que Brive n'avait obtenue que par faveur. Chose singulière, dans un arrêt du Conseil d'Etat, du 8 octobre 1594, cité par mon confrère Noël

d'Uzerche, comme aussi y est establie l'élection du bas Lymosin, et la recepte des deniers du pays mesme. Voilà ce que sommairement nous pouvons dire du Lymosin ».

La notice de 1631 ajoute ce qui suit à celle de 1594 (1).

« Est à remarquer que la ville de Limoges est assez grande, fermée de murailles fort anciennes, lesquelles sont toutes en machicoulis. Elle est assez esloignée de la rivière estant assise un peu sur le pendant d'un coteau. Outre la fontaine d'Engoulene, dont a esté parlé, il y a plusieurs autres fontaines en divers endroits.

» Dans l'enclos de la ville, il y a trois Paroisses, un collège de jésuites, et une abbaye appellée Saint-Martial, en laquelle il souloit avoir des religieux de l'Ordre de Saint-Benoist, qui furent secularisés par le Pape du temps du roi François Ier. Il y a dans l'église d'icelle Abbaye une Chappelle fort ancienne, qui a été bastie des premières après la mort et passion de notre Seigneur Jésus-Christ par S. Martial, auprès de laquelle est une autre chappelle, où est le tombeau d'un gouverneur de Limoges, pour les Empereurs romains, qui y fit martyriser saincte Valerie ou Valere, et fut depuis converti à la foy chrestienne et nommé Estienne au baptesme qu'il receut de S. Martial et en cette chappelle il y a d'autre sepultures fort anciennes. Proche de cette église sont les cloistres de l'abbaye S. Martial fort beaux et bien bastis, où il y a une fontaine, de laquelle l'eau a telle propriété, que sans icelle l'on ne peut esmailler sur le cuivre, ce qui ne se fait ailleurs si bien qu'en la ville de Limoges par le moyen de cette eau, qui est cause qu'il y a plusieurs ouvriers de cet art d'esmailler, lesquels font de beaux ouvrages d'esmail, que l'on estime estans enchassez en or, estre faits sur l'or même. A costé de ces cloistres est le refectoire où souloient manger les Religieux, lequel est grandement admiré par tous les architectes et maistres massons qui l'ont vu, pour être un bâtiment non commun, la voute d'icelui étant soustenue par le milieu de six petits piliers fort éloignés les uns des autres, et est cette voute toute peincte d'azur, semée d'estoiles d'or : et le lieu où l'on souloit tenir le chapitre n'est moins admiré que le réfectoire, parce qu'il est assez grand, et que la voute

Valois (*Invent. des arrêts du Conseil d'Etat sous Henri IV*, 1594), il fit partie des sièges présidiaux de Brive, Tulle et Uzerche. Mais vous ne trouverez pas un Limousin au peu au fait de l'histoire provinciale pour défendre cette hérésie. L'erreur provient sans doute de ce que ces trois sièges étaient, en rivalité de titres depuis fort longtemps et contestaient mutuellement leurs droits ».

(1) « J'ai fait faire, disait l'éditeur Jean Le Clerc fils, par un mien ami bien entendu, en ce qui conserne l'histoire de France, de briefves et sommaires descriptions pour escrire sur chacune d'icelles cartes. »

n'est soustenue que d'un seul petit pilier par le milieu. Proché l'Abbaye il y a un hospital qu'on appelle l'hospital Saint-Martial. Les faux-bourgs sont fort grands et environnent la ville et la cité presque de tous costez. La ville a esté plus grande qu'elle n'est à présent, comme on peut voir par les vestiges et restes des murailles qui sont dehors, et elle est fort marchande, et on y vend en gros quantité de draps de soye à la pluspart des villes de Guyenne.

» Dans les faux-bourgs de cette ville, il y a plusieurs Eglises et couvents, entre autres des Cordeliers, des Jacobins, des Carmes et des Augustins ; l'Eglise desquels Augustins a été ruinée par ceux de la ville, avec l'abbaye sainct-Martin, le prieuré Saint-Gildas (1), deux hospitaux, une maladerie, et quelques autres Eglises qui estoient trop proches de la ville, et nuisoient à la défense d'icelle, parcequ'ils s'attendoient d'être assiégés par ceux de la religion prétendue Reformée.

» Il y a aussi trois ou quatre grands Cemetieres fermés de muraille, et au milieu de chacun d'eux il y a une chappelle, et depuis quelques années en ça, il y a un couvent de Cordeliers reformez, auxquels on a donné l'église de sainte Valère pour y faire leur service, dans laquelle église on void un tombeau fort antique où fut enterrée ladite saincte.

» Il y a encore une abbaye de femmes, appelée la Reigle et quelques autres, comme aussi dans les faux-bourgs on void les ruines d'un amphitheatre basty par les Romains.

» Il y a en la ville de Limoges une Generalité des Thresoriers de France et un siège présidial, auquel ressortit le pays du haut Limousin, et par appel on se pourvoid au parlement de Bordeaux.

» Quant à Tulles c'est une ville située au bas Limosin entre des montagnes ; car ce pays est montagneux et toutefois fort fertile en bons vins. Anciennement ce n'était qu'une abbaye de l'ordre de Saint-Benoist, mais elle fut erigée en evesché par le pape Jean XXII, en 1318, et Arnaud en fut le premier evesque, et messire Jean de Genoilhac a présent séant le vingt et uniesme, et de son temps aux faubourgs de la ville furent institués les Religieuses de saincte Claire, l'an 1613, les Religieux Fuillans, l'an 1615, les Ursulines l'an 1618 et les Peres Jesuites, l'an 1620.

» En ceste ville il y a aussi un presidial (2), auquel ressortit le pays du Bas-Limousin, et outre il y a une Election et recette de Tailles.

» Uzerche est une ville située sur le torrent de Vezère, qui est fort impetueux, et elle est forte de son assiette étant de toutes parts en-

(1) Il faut lire évidemment ici *saint Gérald*.
(2) Voir la note de la page 74.

vironnée d'eau, et n'y ayant que deux avenues, et il y a dix-huict tours à l'entour qu'on dit avoir été basties du temps du roi Pepin, lorsqu'il avoit guerre contre Waifer ou Guaifer duc d'Aquitaine. Il y a en ceste ville une belle abbaye de l'ordre Sainct-Benoist, et en icelle est la nappe, à ce que l'on dit, sur laquelle nostre Seigneur Jesus-Christ fit le jeudi saint la Cene avec les Apôtres. Il y a aussi des corps et reliques de plusieurs saincts personnages où il se fait des miracles, et même devant Sainct Leon et Sainct Coronat, où les insensez faisans leurs neufvaines recouvrent la santé et entendement, à ce que l'on dit.

»Il y a au pays de Limosin plusieurs chasteaux et belles maisons, et entr'autres de Pompadour, de Ventadour et de Turaine (1). Pompadour est un chasteau fort ancien et toutesfois bien basty, de grand circuit et tres fort, estant entouré de bons remparts accompagnez de beaux boulevards, et au pied dicelui il y a une église des premières du Limosin, jadis fondée et bastie par un cardinal de cette maison ; dans icelle sont les sépultures des seigneurs de Pompadour.

» Ventadour est un chasteau fort antique assis sur une montagne éloignée de tous villages appartenant aux seigneurs de Ventadour qui sont de la maison de Levy, qui est une des plus anciennes du Limousin. C'était anciennement une comté, qui fut érigée en duché et pairie par le roi Henri III et de ce duché dépendent quatre villes.

» Turenne est un ancien et fort chasteau, basti sur le haut d'une montagne, presque en la forme d'un navire. L'on remarque en ce chasteau quelques vestiges d'une abbaye, et mesme en une belle chappelle qui y estoit, il y avait la sépulture d'un pape issu de la maison de la Tour, cette sepulture estant de marbre blanc bien élabouré, mais elle a été ruinée et demolie par les guerres de ceux de la prétendue Religion.

» L'abbaye de Grandmont est assise au haut Limosin. C'est un chef d'ordre qui fut institué, l'an 1076, par un sainct homme appelé Estienne, qui se retira en ce désert montagneux du Limosin, y vivant religieusement sous la reigle de saint Augustin, et apres sa mort son corps fut porté à Grandmont, qui n'est gueres loing du dit désert, et lors on fit bastir cette belle abbaye qu'on y void à present. »

Ainsi, la carte de Jean Fayen avait été l'occasion d'une pompeuse glorification de son pays natal, qui, après trois siècles, ne saurait oublier celui auquel il dut sa première image (2).

(1) Pour Turenne, voir le récent et remarquable ouvrage de M. René Fage.
(2) COULON, dans ses *Rivières de France* (I, 325), ouvrage publié en 1644, mentionne « un Fayen excellent mathématicien » qui n'est autre que notre cartographe.

Le géographe de Vaugondy, dans son *Essai sur l'histoire de la géographie, son origine, ses progrès, son état actuel* (1755), dit (p. 314-314) « avoir reproduit dans son atlas la carte du Limousin de Sanson et s'être conformé pour l'orthographe des noms à celle de Fayan (*sic*) ».

La carte de Fayen faisait donc encore autorité un siècle et demi après son apparition.

Mais c'est surtout dans les cinquante années qui suivirent celle-ci qu'on la voit citée et reproduite à l'envi. On va le voir.

Nous avons montré ailleurs comment le fonds Bouguereau, acquis par Jean Le Clerc, fut transféré de Tours à Paris. L'édition de 1620 du *Théâtre francois* donna la carte du Limousin de Fayen, telle qu'elle était à l'origine, mais en retranchant la prose de Belleforest et les vers latins de Puncteius.

L'édition de 1622, qui porte le nom de la veuve de Jean Le Clerc, innove, au contraire. La carte du Limousin, gravée par Kærius, qui avait commencé à figurer dans l'atlas Mercator-Hondius, en 1607, est substituée à la précédente. Les armes de Ventadour sont remplacées par celles de la ville de Limoges.

L'édition de 1626 reprend purement et simplement la carte gravée à Tours.

L'édition de 1632, préparée par le fils de Jean Le Clerc, fait de même, mais à la rubrique : *In œdibus Boguerealdi*, elle substitue cette autre : *Johannes Le Clerc excudit*. Mais Le Clerc ajoute une notice dont nous avons donné un extrait.

En 1642, c'est Jean Boisseau, acquéreur du fonds de Le Clerc, qui publie une cinquième édition, sous le titre nouveau : *Théâtre des Gaules*. La carte de Fayen est absolument identique à ce qu'elle était dès 1632. Plus de notice.

Tant à la section de géographie que dans la salle de travail de la Bibliothèque nationale, nous avons recherché les atlas et ouvrages divers, qui ont reproduit la carte de Fayen, et voici le résultat de notre enquête.

*Section de géographie*
*Atlas in-folio*

I. 44 *bis* (273). — Gerardi Mercatoris Atlas sive cosmographicae meditationes de fabrica mundi et fabricati figura. Sumptibus Cornelii, Nicolai et Judoci Hondii. Amsterdam, A. D. 1607 (1). La carte

(1) L'édition précédente de Mercator (Duisbourg, 1595) ne renfermait pas la carte de Fayen, carte alors récemment parue.

de Fayen se trouve à la page 136. *Petrus Kœrius cœlavit* (1). La notice française, les vers de Puncteius sont reproduits, ainsi que, sur la carte même, le plan de Limoges et la dédicace au duc de Ventadour. Aux *miliaria gallica communia* sont joints les *miliaria germanica communia*.

II. — Gerardi Mercatoris, etc. Excusum sub cane vigilanti. Editio quinta. Sumptibus et typis æneis Hondii. Amsterdam. A. D. 1623. La carte de Fayen est à la page 143. Analogue à l'édition précédente.

III. C. 4084. — Même titre général. Sumptibus et typis æneis Henrici Hondii. Amsterdam. A. D. 1630. La carte de Fayen se trouve à la page 141. Le tout comme précédemment, sauf qu'elle est coloriée, et que la notice sur le Limousin est en latin.

IV. — Galliæ tabulæ geographicæ per Gerardum Mercatorem, Illustrissimi Ducis Juliæ, Cliviæ, Montis, etc. cosmographum. [1638] La carte coloriée de Fayen et la notice française, pages 257-260 ; les vers latins, etc.

V. 160. — *Le Théâtre du monde* ou nouvel atlas contenant les chartes et descriptions de tous les païs de la terre mis en lumière par Guillaume et Jean Blaeu. Amsterdam apud Guilielmum et Johannem Blaeu. Anno cɪɔ ɪɔc xxxv (1635). La carte (p. 429) a pour titre : *Lemovicum auctore Jo. Faiano. M. L. Lymosin ;* à gauche est représentée la Limagne. Amsterdami excudebat Guilielmus Blacuio. Importante pour la comparaison des mesures itinéraires. La notice en français est abrégée. Les vers de Puncteius sont supprimés.

VI. — Edition analogue à la précédente. La carte de Fayen à la page 30. Date de l'atlas : cɪɔ ɪɔ c xliv (1644) (2).

(1) Lors de la lecture de ce travail au Congrès de Limoges, M. Paul Ducourtieux eut l'obligeance de faire circuler dans l'auditoire une carte de Fayen, qu'il possède. Gravée par Kærius, elle est munie d'une échelle de *milliaria germanica*. M. Charles Gauthiot, secrétaire général de la Société de géographie commerciale de Paris, présent à la séance, nous demanda pourquoi Fayen avait joint une pareille échelle à sa carte. En fait, on le voit, Fayen n'y est pour rien. L'explication naturelle est celle-ci : publiée en Hollande, l'édition de 1607 s'adressait à la fois à des lecteurs français et à des lecteurs allemands ; d'où la présence d'une échelle allemande suivant immédiatement l'échelle française.

(2) Même carte dans un atlas identique que possède la Société de géographie de Paris (à la page 30), seconde partie. cɪɔ ɪɔ cxl (1640).

VII. 249. — *Le Nouveau théâtre du monde ou Nouvel Atlas*, tome second. Amstelodami apud Ioannem Ianssonium. Anno cɔ ɔc xxxxɪɪɪ (1644). La carte de Fayen est à la page 79. Comme dans l'original, le titre est : *Totius Lemovici*, etc.; le plan de la ville, les armes, la dédicace à Ventadour, etc., mais les *milliaria gallica* sont portés à la suite des *milliaria germanica*. Elle est coloriée. Notice française.

VIII. — Geographiæ Blavianæ volumen septimum, etc., 1662. La carte coloriée de Fayen et notice latine, p. 131-132; avec la Limagne en vedette (voir nᵒˢ III, IV, V).

IX. 241. — Geographiæ Blavianæ volumen septimum qui Liber XIV, XV, Europa continetur. Amsterdam. Sumptibus Joannis Blaeu (*sic*) 1662. La carte de Fayen est à la page 131. Edition analogue au nᵒ V. La notice sur le Limousin en latin.

X. — La Géographie Blavienne, huitième volume, 1ʳᵉ partie du quatorzième livre. Amsterdam, Jean Blaeu; [1664] coloriée; avec la Limagne; notice française.

Dès 1598, la carte de Fayen, un peu réduite, est comprise dans l'atlas d'Ortelius (1).

## Salle de Travail

I. — Mercator, Atlas, seu geographiæ meditationes, etc. 1607.

II. — Mercator, etc. Editio quinta. 1623. G. 530.

III. — Mercator, etc. 1628. Editio decima. Amsterdam. 3 vol. in-fol. G. 5324.

IV. — Mercator, etc. 1630. Editio decima (*sic*). Actuellement à la section géographique, nᵒ 4084.

V. — Mercator, etc. 1632. Amsterdam. Format oblong. De novo emendatus studio Judoci Hondii. G. 538.

VI. — Blaeu (Guill.). Le Théâtre du monde. Amsterdam. 1635. fol. G. 535.

(1) L'édition qui est dans la salle de travail et celle de 1603, qui se trouve à la section géographique, donne l'une comme 30ᵉ, l'autre comme 28ᵉ carte, le Limousin associé au Blaisois. Un cartouche en haut à gauche porte : *Jo. Fayanus M. L. describebat*. Au bas sont les vers de Joachim Blanchon.

VII. — Geographia Blaviana, 9 vol. Amsterdam 1640. g. in-fol., 30.

VIII. — Blaeu (Guill.). Atlas major. Amsterdam. 1662. 11 vol. g. in-fol. 19-29.

IX. — Le grand Atlas ou Cosmographia Blaviana, 1663. 12 vol. g. in-fol., 31-42.

X. — Amsterdam. 1664. 9 vol. gr. in-fol. G. 43-53.

*Ouvrages divers.*

Gerardi Mercatoris Atlas, sive cosmographiæ meditationes, de novo multis in locis emendatus novisque tabulis auctus, studio Judoci Hondii. Amsterdam sumptibus Johannis Clappenburgii, pages 214-217. Carte de Fayen réduite, avec notice latine et la poésie de Puncteius.

Topographia Galliæ oder Bischreibung und Contrafaitung der vornehmstem und bekantesten OErter, in dem mâchtigen und grossen Kœnigreich Frankreich durch Martinum Zeillerum, Franc-fort am Mayn, G. Merian, 1655-1657, 3 vol. in-f°. Le second volume, publié en 1656, p. 6, traite du Limousin et reproduit la carte de Fayen, réduite.

Topographia Galliæ dat is Beschrvijvinge van Vranckrijck, 3ᵉ partie, Amsterdam, Casper Merioen en Broersz, etc., 1662 (Tra-duction en hollandais). Dans la 3ᵉ partie, carte de Fayen et notice, celle-ci seulement différente.

Une minutieuse description de la carte de Fayen serait superflue, le lecteur l'ayant sous les yeux. Ce qui importe, c'est de différen-cier l'édition *princeps*, celle de 1594, des autres éditions fran-çaises ou étrangères (1).

La carte originale a pour titre :

*Totius Lemovici et confinium provinciarum quantum ad diœcesim*
*Lemovicensem spectant. Novissima et fidissima Descriptio. Aut.*
*Jo. Fayano. M. L. Cæsaroduni Turonum, in œdibus Mauricii*
*Boguerealdi. Anno 1594.*

TG. F.

*Cum Privilegio.*

(1) M. P. Ducourtieux avait cru pouvoir dire, en 1883 : « La première édition du plan de Fayen, paru à Tours en 1594, n'existe plus. » C'est que ce très consciencieux érudit, qui avait scruté tout ce que pouvait offrir la Section de géographie de la Bibliothèque nationale, n'avait pas eu l'idée de s'adresser à la *Réserve* de la même bibliothèque. Notre mérite, à nous, se réduit précisément à nous être adressé à la *Réserve*.

Ce titre, placé au haut de la carte, à gauche, est suivi de la *Scala milliariorum*. Au-dessous, sont les vers français de Joachim Blanchon.

En haut, à droite, les armes de Limoges, et des fleurs de lis ; puis le plan de la ville de Limoges, avec une légende ; plus bas, les vers latins de Jo. Belbræus. Plus bas encore, les armes de la maison de Ventadour, et la dédicace au duc de Ventadour.

Le verso de la carte, à droite et à gauche, est occupé : 1° à droite, par le texte français (*Du pays de Lymosin*, etc.); 2° à gauche, par le texte latin (*De origine Lemovicum*), que nous avons reproduits.

Ni les latitudes, ni les longitudes ne sont formellement établies dans la carte, ce qui a lieu d'étonner de la part d'un « mathématicien » du renom de Fayen. L'auteur s'est contenté d' « orienter » sa carte en marquant soigneusement les points cardinaux : *Septentrio, Meridies, Oriens, Occidens*. Il l'a munie d'une *Scala milliariorum*. Ces milles sont plus grands que la *lieue commune de France*, de 25 au degré, valant 2,282 toises, ou 4,444 mètres. On sait qu'on appelait *lieue de pays* une lieue plus forte que la lieue commune, et variant, son nom même le dit, avec les pays eux-mêmes (1). Est-ce à une lieue limousine que nous avons affaire dans l'espèce ? C'est probable, car d'autres cartes de l'atlas de Bouguereau sont pourvues d'échelles de milles qui ne sont pas les milles de la carte limousine.

Le cadre de la carte de Jean Fayen est délimité de la façon suivante : Au nord, par Argenton ; au sud, par Périgueux et Montignac ; à l'ouest, par l'Isle Jourdain et La Rochefoucauld ; à l'est, par Chénérailles et Bort.

Une ligne ponctuée, qui court entre Brignac au sud et Bellac au nord-ouest, indique, bien imparfaitement, les limites de la généralité du Limousin, telle qu'elle était constituée en 1594. M. Alfred Leroux nous apprend que cette généralité, créée en 1558, remaniée en 1586, comprenait les élections de Bellac, de Limoges, de Tulle et de Brive. D'autre part, la généralité de Bourges englobait 48 paroisses limousines (La Souterraine, Boussac, entre autres); celle de Poitiers, 47 (Confolens, Rochechouart, etc.); celle de Bordeaux, 23 (Nontron, dans l'élection de Périgueux). C'est bien comme dépendances du *diocèse* de Limoges qu'au-delà du pointillé figurent de nombreuses localités. Mais pourquoi Fayen a-t-il gratifié

---

(1) Voir d'Anville : *Traité sur les mesures itinéraires anciennes et modernes*, 1769. Cf. plus haut, p. 75 et aussi : Lièvre : *Les chemins romains et la lieue gauloise dans l'ouest de la France* (Niort).

le Limousin ecclésiastique de Périgueux, d'Argenton? Pourquoi n'a-t-il pas fixé à part les limites de la généralité et du diocèse de Limoges? Nous répondrons un peu plus loin à ces questions.

Fayen écrit en grec, dans sa dédicace au duc de Ventadour, non sans quelque suffisance, le mot : τοπογραφιαν. C'est la topographie, c'est-à-dire l'image vraie du Limousin, qu'il prétend constituer. Bien modestes, sous ce rapport, étaient ses contemporains, puisque leur contentement ne laissa rien à désirer. Mais la déception éprouvée par les moins exigeants d'entre nous est grande! Certes Fayen n'ignore pas que le Limousin est une contrée montagneuse. Mais où est la montagne en Limousin? C'est ce qu'il ignore. Ainsi, trompé sans doute par cette appellation : le Bas-Limousin, déjà accrédité de son temps, il le représente sous une forme tout à fait plane (1). Les montagnes étant d'ailleurs déplaisantes pour les voyageurs, surtout en ce temps de si difficiles communications, il les relègue au nord et à l'est, assez loin de Limoges. *Apparent rari nantes.* C'est la Marche qui se trouve ainsi être le moins défigurée.

Rappellerons-nous de quelle façon la montagne est représentée dans Fayen? Dénué de moyens techniques d'expression, il s'en est tenu au procédé accrédité par Oronce Finé, contemporain de François Ier (2). Ici d'ailleurs ces sommets, invariablement arrondis, conviennent à la structure du Limousin. Il les entasse, au jugé, en nombre plus ou moins grand, mais les espaces qui les séparent feraient croire à l'existence de vastes plaines que l'on chercherait vainement dans le Limousin.

Fayen, dont l'hydrographie (3), parfois minutieuse, est pourtant bien incomplète, omet absolument ces innombrables étangs, qui, avant la Révolution, couvraient en Limousin de si vastes étendues de territoire.

Il est moins négligent en ce qui concerne les forêts. De ses indications, si elles étaient exactes, il résulterait que la plus grande forêt du Limousin était située dans la région de Saint-Yrieix, entre Château-Chervix et Quinsac (centre Coussac), tandis que celle, bien plus importante aujourd'hui, dénommée Forêt de Châteauneuf, était restreinte au territoire de Sussac. Mentionnons encore la forêt de Brigueil, et les bois autour de Gore, des Cars, de Saint-Martial de Gimel, de Davinac.

(1) Voir le voyage de La Fontaine en Limousin.

(2) Voir la thèse latine de M. Gallois et du même auteur : *Les origines de la carte de France. La carte d'Oronce Finé* (*Bulletin de géographie historique et descriptive*, année 1891, n° 1).

(3) Voir plus loin, p. 103.

L'examen toponymique de la carte du Limousin, souvent inter-
rompu, a réclamé plusieurs années, par suite des recherches qu'il
nécessitait.

Il s'agissait de passer au crible tous ces noms géographiques.
Or, on n'en compte pas moins de 660, comme l'établit la statisti-
que que nous donnons plus loin. Ceux d'entre eux qui ne pouvaient
soulever aucune difficulté d'identification affectaient des formes les
unes archaïques, les autres erronées, qui devaient fixer notre
attention.

C'est pour nous un cas de conscience et aussi un véritable plaisir
de rendre hommage aux documents magistraux comme aux cor-
respondants qui nous ont prêté leur concours dans cette enquête.

Nous mettrons au premier rang la carte de l'état-major, et celle
de Cassini, plus rapprochée d'un siècle de l'œuvre de Fayen. Nous
les avons eues, comme c'était notre devoir, constamment sous les
yeux.

Nous n'oublierons certes pas le *Dictionnaire des Postes* et le
*Dictionnaire administratif de la France* d'Adolphe Joanne, dont
une nouvelle édition, singulièrement augmentée et améliorée, a été
entreprise par M. P. Joanne et poussée jusqu'à la lettre L. Le
*Dictionnaire topographique de la Dordogne* (1873), par M. de
Gourgues, et celui de la *Vienne* (1881), par M. Rédet, nous ont éclairé
sur quelques points importants. Mentionnons également, aux
archives de la Haute-Vienne, deux dictionnaires topographiques
inédits, par Grignard, l'un de la *Haute-Vienne* (6 vol.), l'autre de
la *Creuse* (2 vol.) (1).

Parmi les érudits du Limousin, que nous avons consultés sans
cesse, je nommerai MM. Louis Guibert, Alfred Leroux, Paul Ducourtieux. Le premier est le savant qui, de l'aveu de tous, possède
le mieux le Limousin présent et passé. Le second nous a fourni un
élément de contrôle à deux siècles de notre époque, à un siècle
seulement de la carte de Fayen, dans le précieux appendice de son
nouveau volume d'*Inventaire des archives départementales* (Limoges,
1891), contenant l'état des paroisses de 1680 à 1686. Le troisième
est notre prédécesseur immédiat dans les recherches sur le contemporain des Muret et des Dorat.

Par l'entremise de MM. Guibert et Leroux, j'ai consulté plus d'une
fois M. J.-B. Champeval, de Corrèze, avocat à Figeac, un des maîtres
de la science toponymique, et dont les travaux sur le Bas-Limousin,
que publie la Société archéologique et historique de Brive, ont été

_______

(1) N'omettons pas le *Dictionnaire historique et géographique de la
Creuse*, publié par J. Bregère ; Limoges, Ducourtieux, 1882, 1 vol. in-8°.

pour moi très suggestifs. On sait qu'il prépare depuis longtemps un *Dictionnaire topographique de la Corrèze.*

Pour le Haut-Limousin, les publications de M. l'abbé Lecler, dans le *Bulletin de la Société archéologique du Limousin,* nous ont souvent tiré d'embarras.

Me rendant chaque année, aux vacances, en Limousin et recevant à Paris même la visite de compatriotes, j'ai interrogé de vive voix MM. Louis Mosnier-Thoumas, qui est de Laurière et qui habite Saint-Méard ; l'abbé Mallet, curé de cette dernière localité ; Chariot, de Bessines ; Frédéric des Granges, de Saint-Laurent-les-Eglises ; le docteur Cheize, de Saint-Germain-les-Belles ; l'abbé Monique, d'Eymoutiers ; Tramonteil, notaire à Peyrat-le-Château, etc., etc.

Talonné par Bouguercau, son éditeur, Fayen a dressé sa carte avec quelque précipitation. Pour le prouver, qu'il suffise de constater qu'une bonne moitié des rivières figurées par lui n'ont pas reçu de désignation. Plus de cent noms de lieux, gravement estropiés, attestent, en outre, qu'aucune épreuve ne lui a été soumise avant le tirage.

La minute a disparu, mais nous pouvons, sans témérité, admettre que l'écriture de l'auteur était peu lisible. Nous nous en sommes convaincu en constatant de quelle façon elle a été lue par le graveur, qui n'avait pas sous la main l'auteur lui-même pour le consulter dans les cas embarrassants.

D'ailleurs l'écriture d'alors se prêtait à d'assez nombreuses confusions, telles que celles des F, des P, des J et des S. Ce sont les plus fréquentes que l'on ait à signaler.

L'absence de toute accentuation, *more majorum,* a également causé de nombreuses méprises.

En outre, Bouguereau nous le dit expressément, le graveur du *Théâtre françois* était Flamand (1). C'est à la façon flamande qu'il a maintes fois interprété la *lettre* du Limousin limousinant Fayen. (2) De sorte qu'on voit des mots patois ou à demi patois prendre un aspect allemand ou flamand bien caractérisé.

Est-ce au graveur ou à l'auteur qu'il faut s'en prendre du déplacement de certaines localités ? à l'un et à l'autre, très probablement.

Citons quelques exemples.

(1) Il a signé G et T (entrelacés) F (*fecit*). Nous n'avons pu découvrir son nom.

(2) Ce défaut a été s'aggravant, il nous a paru, quand elle a été reproduite hors de France. Ainsi Eibouleau (Eybouleuf) est devenu *Sibouleau.*

Noms écrits d'après une prononciation locale, toujours persistante :

*Auradour*, pour Oradour.
*Belac*, pour Bellac.
*Maniat*, pour Magnac.
*Rochouard*, pour Rochechouart.
*Saint Jus*, pour Saint-Just.
Ici le témoignage, trois fois séculaire, de Fayen, est probant.
Noms dont la forme limousine a été maintenue :

*Agutmon*, auj. Gumond.
*Ahu*, auj. Ahun.
*Alvige*, auj. Le Vigen.
*Anede*, auj. Nedde.
*Barsat*, auj. Bersac.
*Belleve*, auj. Beaulieu.
*Bounnaigue*, auj. Bonnaigne.
*Bouy*, auj. Le Buis.
*Bugeleau*, auj. Bujaleuf.
*Cezeleis*, auj. Sexcles.
*Chenebiera*, auj. Chenevières.
*Courreze*, auj. Corrèze.
*Crabona*, auj. Crabanac.
*Dompadour*, auj. Pompadour.
*Embazet*, auj. Ambazac.
*Janis*, auj. Genis.
*Maleau*, auj. Masléon.
*Margedo*, auj. Margerides.
*Noalias*, auj. Noailles.
*Peiro Levado*, auj. Peyrelevade.
*Pourio*, auj. Peuyrie.
*Rochebelie*, auj. Roche-l'Abeille.
*Saint Genie*, auj. Saint-Genest.
*Saint Memi*, auj. Saint-Mémin.
*Vedrenas*, auj. Vedrennes.

Par contre, l'appellation francisée *Tour de Bois*, que donne Fayen, a repris sa forme patoise : *Tour del Bos*, dans la carte de l'état-major. Fayen écrit d'une façon hybride : *Les Bouigas*, à peu près comme la carte de l'état-major (*Les Bouygas*). Il ne traduit pas *Bos-Droux* en *Bois-Droux*.

On remarquera, dans le *Dictionnaire des Postes*, le grand nombre de hameaux du département de la Corrèze portant le nom de Puy ou de Peuch (mont). Toutefois *Peuch d'Arnac*, de la carte de Fayen, est devenu *Puy d'Arnac*.

Noms ayant pris un aspect flamand ou allemand :
*Montchatz*, pour Monchaty.
*Bellesugue*, pour Bellesauve.
*Ellau*, pour Eyjeaux.
*Noz*, pour Noth.
*Palladon*, pour Balledent.
*Prach*, pour Brach.
*Saint Priech*, pour Saint-Priest.
Autres lectures vicieuses du graveur :
*Alac*, pour Objat.
*Aniac*, pour Arnac.
*Auliac*, pour Anlhiac.
*Beuf*, pour Beuil.
*Blanchereau*, pour Banchereau.
*Bourg de Salamac*, pour Bourg de Salagnac.
*Bussière-Poeliere*, pour Bussière-Badil.
*Chamzou*, pour Chauzeix.
*Cobrolui*, pour Combressol.
*Esglobons*, pour Egletons.
*Faye de Sunilac*, pour Faye de Jumilhac.
*Fornat*, pour Sornac.
*Liberfat*, pour Lubersac.
*Massene*, pour Masseret.
*Ponthouleil*, pour Pontchauleix
*Pournoue*, pour Fournoue.
*S. Idiere*, pour Sedière.
*Saint Marleuhaut*, pour Saint-Marc-à-Loubaud.
*Temple damour*, pour Temple de Mons.

Que la carte ne se propose de nous faire connaître le Limousin, ni au point de vue ecclésiastique (malgré son titre), ni au point de vue seigneurial, cela est évident.

Très peu de préoccupations à l'endroit de l'Eglise : en fait d'abbayes, on ne mentionne que celles de Colombes, de Grandmont, de Boubon, de Beuil, de Beauvais, de Lesterps. On l'a déjà dit : à Limoges même, il fait abstraction de la Cité, le Limoges épiscopal. Les tendances, alors peu féodales, de la bourgeoisie de Limoges, dont Fayen est le représentant autorisé, sont évidentes· Il est fait seulement mention, en gros caractères, il est vrai, du duché de Ventadour et du vicomté de Turenne.

C'est à Bouguereau, le promoteur de notre premier Atlas national, qu'il faut demander la raison d'être de la première carte du Limousin. S'adressant à Henri IV, il lui dit expressément :

« Mon dessein a toujours été de dresser le théâtre des provinces
particulières de votre royaume, tant pour le plaisir qu'il y a de voir
les particularités et choses remarquables d'icelles, que pour l'utilité
des hommes martiaux, *soit pour les départements de logis des
gens de votre ordonnance, que pour les receveurs et trésoriers qui
peuvent asseoir leur jugement par les paroisses*, journées et conduite
de vos deniers ès provinces établies à la recette de vos finances,
que pour servir d'adresse à tous vos sujets par le commerce exercé
en votre royaume. »

Un double but, militaire et fiscal. Tel est le programme assigné
par Bouguereau à ses collaborateurs et que Fayen a résolument
adopté. Le soin avec lequel sont indiqués les ponts sur les trente-
quatre rivières tracées par lui, répond parfaitement à cette double
intention. Il répond aussi aux velléités commerciales que marque
en dernier lieu l'éditeur.

Empêcher que, dans cette région, presque sans route, le soldat,
l'agent du fisc, le marchand s'égarent : tel est le but capital.
La carte de Fayen à la main, le marchand, l'agent du fisc, le soldat,
peuvent, *de pont en pont*, joindre une localité déterminée, dont
l'importance ressort, quand il y a lieu, de l'adjonction d'un nombre plus ou moins considérable de maisons ou de clochers.

Mais Fayen a sa pensée de derrière la tête, si j'ose dire. Il se
propose encore de nous montrer le Limousin dans ses relations
avec les régions voisines, la *Marche* (Haute et Basse), le *Poictou*,
l'*Engoumoysin*, le *Perigort*, l'*Auvergne*. Aussi il englobe ou effleure,
plus ou moins, dix de nos départements actuels, à savoir :
la Haute-Vienne, la Corrèze, la Creuse, la Dordogne, la Charente,
la Vienne, l'Indre, le Puy-de-Dôme, le Cantal et le Lot.

Il apparaît très clairement que le Limousin, politiquement et
économiquement, se projette vers le nord et vers l'ouest, c'est-à-
dire vers Paris et vers l'Océan. Ses relations avec l'Auvergne sem-
blent réduites au minimum. Il s'identifie pleinement avec la Marche,
dont la majeure partie est représentée, et aussi avec le Poitou,
dont une portion notable est aujourd'hui incluse dans notre département même de la Haute-Vienne (1).

Le Limousin, resté fidèle à Henri IV, apparaît comme essentiel-
lement monarchique. La destruction, toute récente, du château de
Châlusset, y est notée, comme celle de Courbefy et de Bret :
elle date en quelque sorte la carte.

Le Limousin est en mue, si j'ose dire : sa toponymie se francise

(1) Voir à ce sujet, *les Enclaves Poitevines du diocèse de Limoges*,
par M. L. Guibert, dans l'*Almanach Limousin* pour 1886.

de plus en plus ; mais il est visible que cette métamorphose s'opère depuis peu et lentement, que la bourgeoisie elle-même, celle de la capitale, de Limoges, française de cœur, parle encore limousin presque exclusivement, en dehors des rapports officiels avec le pouvoir central, qu'elle s'oublie même à écrire en limousin, lorsqu'elle voudrait écrire exlusivement en français.

La carte du Limousin trahit, à Limoges, l'existence d'un limousinisme interne fort étroit et d'un limousinisme externe envahissant. Ainsi Fayen annexe à la minute un plan de la ville, celle des Consuls, où il est né, mais il omet la Cité, la ville de l'Evêque. D'autre part, il trace un Limousin pour ainsi dire sans bornes. L'évêché de Limoges, retranché du plan, prend lui-même sa revanche, avec la connivence de Fayen, en absorbant jusqu'au petit diocèse de Tulle, créé dès 1317. (1)

Le tout présenté d'une façon solennelle, avec un titre latin, avec une dédicace latine assaisonnée d'un mot grec, qui montrent que Fayen prend part au grand mouvement de la Renaissance et qu'il appartient bien au pays qui a donné le jour au cicéronien Muret, l'orateur des papes.

On comprend l'intérêt que les omissions, comme les inscriptions sur la carte de 1594, peuvent présenter pour nos contemporains. Ils nous apprennent ainsi que telle localité, il y a trois siècles, était plus ou moins importante qu'aujourd'hui. Sur un total de 660 localités, 137 ne sont aujourd'hui que de simples hameaux, parfois même des maisons isolées. Par contre, un assez grand nombre de chefs-lieux actuels des communes ne figurent pas sur le document que nous étudions. Il y a eu, on le voit, des modifications considérables dans la répartition de la population limousine.

Au lecteur limousin de multiplier ces constatations : il a sous les yeux la carte même de Fayen.

Ludovic Drapeyron.

Dans la liste alphabétique des noms de lieux qui va suivre, nous avons visé à une confrontation, la plus simple et la plus nette possible, du Limousin de la fin du xvi<sup>e</sup> siècle et de la fin du xix<sup>e</sup> siècle.

_______________

(1) Le diocèse de Limoges avait subi plusieurs diminutions au cours des siècles : 1° le territoire de Jumilhac, dévolu au vii<sup>e</sup> siècle à l'Evêque de Périgueux ; 2° Rouffiac et Biars (vii<sup>e</sup> siècle), dévolu à l'Evêque de Cahors ; 3° Crocq (xii<sup>e</sup> siècle), à l'Evêque de Clermont ; 4° une partie du territoire de Gimel, de Brive et de Brivezac, la Xaintrie, au sud de la Bouygue (55 paroisses), ayant constitué au xiv<sup>e</sup> siècle le diocèse de Tulle. (Voir Alfred Leroux).

| Noms de lieux | Orthographe actuelle | Commune | Canton | Arrondissement | Département | Nou |
|---|---|---|---|---|---|---|
| Adrie....... | Adriers.......... | Adriers........ | Isle-Jourdain.... | Montmorillon | Vienne. | Bei |
| Agutmon.... | Gumond..... | Gumond....... | LaRoche-Canillac | Tulle....... | Corrèze. | Bei |
| Ahu........ | Ahun.. .... . | Ahun......... | Ahun.......... | Guérêt...... | Creuse. | Bel |
| Aigueperce.. | Aigueperse..... | St-Bonnet-la-Riv. | Pierrebuffière... | Limoges .... | Hte-Vienné. | Bel |
| Aigueperse.. | Aigueperse..... | Arènes......... | Bénévent-l'Abb.. | Bourganeuf. | Creuse. | Bel |
| Aix.. .. .... | Aix........... | Aix........... | Eygurande..... | Ussel....... | Corrèze.... | Bel |
| Aixe.... ... | Aixe-sur-Vienne. | Aixe-sur-Vienne. | Aixe-sur-Vienne. | Limoges..... | Hte-Vienue. | Bei |
| Alac........ | Objat.......... | Objat.......... | Ayen.......... | Brive....... | Corrèze. | Be. |
| Alassac...... | Allassac........ | Allassac........ | Donzenac....... | Brive....... | id. | Be- |
| Aloys....... | Les Allois...... | La Geneytouse.. | Saint-Léonard.. | Limoges..... | Hte-Vienne. | Be. |
| Aluiye...... | Le Vigen....... | Le Vigen....... | Limoges (sud).. | Limoges. .. | id. | Be |
| Anede...... | Nedde......... | Nedde. ........ | Eymoutiers..... | Limoges. ... | id. | Be |
| Angelar.... | Angelard ...... | Compreignac.... | Nantiat........ | Bellac........ | id. | Bi |
| Aniac...... | Arnac.......... | Arnac-Pompad.. | Lubersac....... | Brive....... | Corrèze. | Bl |
| Anieres.... | Asnières...... | Asnières....... | Isle-Jourdain.... | Montmorillon | Vienne. | Bl |
| Anzeme.... | Anzème..... | Anzème........ | Saint-Vaury ... | Guéret...... | Creuse. | Bo |
| Arenè..... | Arènes......... | Arènes......... | Bénévent-l'Abb. | Bourganeut. | id. | Bo |
| Arfeuille... | Arfeuille...... | Champnétery.... | Saint-Léonard.. | Limoges. ... | Hte-Vienue. | Bo |
| Argentac.... | Argentat..... . | Argentat....... | Argentat....... | Tulle....... | Corrèze. | Bo |
| Argenton... | Argenton....... | Argenton...... | Argenton....... | Châteauroux. | Indre. | Bo |
| Arnac...... | Darnac........ | Darnac......... | Le Dorat....... | Bellac........ | Hte-Vienne. | B. |
| Ars........ | Ars... .. | Ars........... | St-Sulpice-les-Ch. | Aubusson.... | Creuse. | B. |
| Aubazine.... | Obazine....... | Obazine........ | Beynat........ | Brive....... | Corrèze. | B |
| Aubesagne . | Aubesaigne..... | La Porcherie.... | St-Germain..... | Saint-Yrieix. | Hte-Vienne. | B |
| Aubinac.... | Albignac....... | Albignac....... | Beynat........ | Brive....... | Corrèze. | Be |
| Aubois...... | L'Eglise-aux-Bois | L'Eglise-aux-Bois | Treignac....... | Tulle....... | id. | B |
| Aubusson... | Aubusson...... | Aubusson...... | Aubusson....... | Aubusson.. | Creuse. | E |
| Augieres.... | Augères........ | Augères........ | Bénévent-l'Abb.. | Bourganeuf.. | id. | E |
| Auliac...... | Anthiac........ | Anthiac........ | Excideuil...... | Périgueux... | Dordogne. | Be |
| Aulon...... | Aulon.......... | Aulon.......... | Bénévent-l'Abb.. | Bourganeuf.. | Creuse. | E |
| Auoille..... | Availles-Limous.. | Availles-Limous. | Availles-Limous. | Civray..... | Vienne. | E |
| Auradour... | Oradour-s.-Glane | Oradour-s.-Glane | Saint-Junien ... | Rochechouart | Hte-Vienne. | E |
| Auradour de Vayr. | Oradour-s-Vayres | Oradour-s.-Vayres | Oradour-s-Vayres | Rochechouart | id. | E |
| Auradour-Faney. | Oradour-Fanais . | Oradour-Fanais . | Confolens (sud).. | Confolens-sud | Charente. | B |
| Aureil...... | Aureil.... ... | Aureil......... | Limoges (sud)... | Limoges-sud. | Hte-Vienne. | E |
| Auriac... . | Auriat......... | Auriat......... | Bourganeuf..... | Bourganeuf.. | Creuse. | I |
| Auriac.... | Auriac... .... | Auriac......... | Saint-Privat. ... | Tulle....... | Corrèze. | E |
| Azerac. .... | Azerac...\...... | Azerac......... | Thenon.......... | Périgueux... | Dordogne. | E |
| | | | | | | |
| Bamarchat.. | (chez)Marcou-Bas | Saint-Bonnet.... | Bellac.......... | Bellac........ | Hte-Vienne. | I |
| Banchereau. | Le Banchereau.. | Léguillac-de-Cerc | Marcuil........ | Nontron..... | Dordogne. | I |
| Banneuil... | Banneix........ | Bosmie......... | Aixe........... | Limoges. ... | Hte-Vienne. | I |
| Bard....... | Bar........... | Bar........... | Corrèze........ | Tulle....... | Corrèze. | I |
| Bariodet.... | Le Barjolet. ... | Perpezac-le-Noir. | Vigeois......... | Brive .... . | id. | I |
| Barsanges... | Barsanges...... | Pérols......... | Bugeat........ | Ussel....... | id. | I |
| Barsat...... | Bersac........ | Bersac........ | Laurière....... | Limoges..... | Hte-Vienne. | I |
| Bazeuge.... | Bazaiges ...... | Bazaiges..... | Eguzon........ | La Châtre... | Indre. | I |
| Beaulieu.... | Beaulieu....... | Peyrat-le-Château | Eymoutiers.... | Limoges..... | Hte-Vienne. | I |
| Beaulieu.... | Beaulieu....... | Beaulieu........ | St-Benoît-du-Sault | Blanc....... | Indre. | I |
| Beaumon... | Beaumont...... | Beaumont...... | Eymoutiers..... | Limoges..... | Hte-Vienne. | I |
| Beaune.... | Beaune........ | Beaune........ | Ambazac....... | Limoges..... | id. | I |
| Beauuois... | Beauvais....... | St-Laurent-s. G.. | St-Laurent-s.-G.. | Rochechouart | id. | |

| | Noms de lieux | Orthographe actuelle | Commune | Canton | Arrondissement | Département |
|---|---|---|---|---|---|---|
| | Beinat...... | Beynat......... | Beynat......... | Beynat. ....... | Brive........ | Corrèze. |
| | Beinat...... | Beynac........ | Beynac......... | Aixe........... | Limoges. ... | Hte-Vienne. |
| | Belac. | Bellac......... | Bellac......... | Bellac......... | Bellac........ | id. |
| c. | Bellefaye... | Belle-Faye...... | Soumans....... | Boussac....... | Boussac..... | Creuse. |
| | Bellesayne.. | Bellesauve..... | Janaillac....... | Pontarion...... | Bourganeuf.. | id. |
| ... | Belleue..... | Beaulieu....... | Beaulieu....... | Beaulieu... .. | Brive...... | Corrèze. |
| 2. | Belmon .... | Beaumont...... | Beaumont...... | Seilhac....... | Tulle........ | id. |
| | Benuyes.... | Benayes........ | Benayes........ | Lubersac...... | Brive........ | id. |
| | Berneuil... | Berneuil........ | Berneuil........ | Nantiat... .... | Bellac....... | Hte-Vienne. |
| 2. | Bessines... | Bessines........ | Bessines........ | Bessines........ | Bellac........ | id. |
| | Beteste..... | Betête......... | Betête......... | Châtelus........ | Boussac...... | Creuse. |
| | Beuf ab..... | Beuil......... | Veyrac......... | Nieul......... | Limoges. ... | Hte-Vienne. |
| | Bilanges.... | Les Billanges... | Les Billanges... | Ambazac........ | Limoges. ... | id. |
| | Blanchefort . | Blanchefort .... | La Graulière.... | Seilhac........ | Tulle .... | Corrèze. |
| | Blon.... ... | Blond......... | Blond......... | Bellac........ | Bellac....... | Hte-Vienne. |
| | Boisac. ... . | Beyssac........ | Beyssac... .... | Lubersac....... | Brive....... | Corrèze. |
| | Boissel...... | Boisseuil....... | Boisseuil....... | Pierrebuffière... | Limoges....... | Hte-Vienne. |
| 2. | Bonnat. ... | Bonnac........ | Bonnac........ | Ambazac..... | Limoges..... | id. |
| | Bonnefon... | Bonnefond..... | Bonnefond..... | Bugeat ....... | Ussel....... | Corrèze. |
| | Bonnefon... | Bonnefond .... | Janaillac....... | Pontarion...... | Bourganeuf.. | Creuse. |
| e. | Bonneuil... | Bonneuil....... | Beaune........ | Ambazac ..... | Limoges. ... | Hte-Vienne. |
| | Bonnevet ... | Bénévent-l'Abb.. | Bénévent-l'Abb.. | Bénévent-l'Abb.. | Bourganeuf.. | Creuse. |
| | Bort....... | Bort......... | Bort......... | Bort......... | Ussel....... | Corrèze. |
| 2. | Bos Droux.. | Droux........ | Droux......... | Magnac-Laval... | Bellac....... | Hte-Vienne. |
| | Boubon ab Nomains | Boubon........ | Cussac......... | Oradour-s-Vayres | Rochechouart | id. |
| | Bounaigue.. | Bonnaigue...... | St-Fréjoux-le-Ch. | Ussel......... | Ussel...... | Corrèze. |
| | Bounat..... | Bonnat-les-Eglis. | Bonnat-les-Eglis. | Bonnat-les-Eglis. | Guéret...... | Creuse. |
| | Bouneisset.. | Bounesset... ... | Blond......... | Bellac........ | Bellac...... | Hte-Vienne. |
| | Bourg de Salamet | Bourg de Salagnac | Le Grand-Bourg. | Grand-Bourg ... | Guéret...... | Creuse. |
| | Bourganeuf. | Bourganeuf.... | Bourganeuf.... | Bourganeuf..... | Bourganeuf.. | id. |
| | Boussat. ... | Boussac........ | Boussac........ | Boussac........ | Boussac..... | id. |
| 2. | Boutezac.... | Voutezac....... | Voutezac....... | Juillac......... | Brive...... | Corrèze. |
| | Bouy....... | Le Buis........ | Le Buis........ | Nantiat........ | Bellac....... | Hte-Vienne. |
| | Bret ville ruinée | Bret.......... | Coussac-Bonnev. | Saint-Yrieix..... | Saint-Yrieix . | id. |
| | Bretaigne... | La Bretagne ... | Saint-Junien.... | Saint-Junien.... | Rochechouart | id. |
| . | Bridiers .. | Bridier........ | La Souterraine.. | La Souterraine.. | Guéret...... | Creuse. |
| | Brigueil.... | Brigueil-l-Chant. | Brigueil-l.-Chant. | La Trimouille.. | Montmorillon | Vienne. |
| | Brigueil..... | Brigueil........ | Brigueil........ | Confolens (sud).. | Confolens. .. | Charente. |
| | Briliat.... .. | Brillac........ | Brillac......... | Confolens (sud).. | Confolens. .. | id. |
| | Briliaufa.... | Breuilaufa...... | Breuilaufa...... | Nantiat......... | Bellac...... | Hte-Vienne. |
| e. | Brimat..... | Brignac........ | Brignac........ | Ayen........... | Brive...... | Corrèze. |
| | Brive...... | Brive......... | Brive......... | Brive......... | Brive....... | id. |
| 2. | Brivezac.... | Brivezac...... | Brivezac...... | Beaulieu..... | Brive...... | id. |
| | Brosse...... | Brosse....... | Chaillac........ | St-Benoît-du-S. | Le Blanc.... | Indre. |
| | Bruenat.... | Brignac........ | Royère......... | Saint-Léonard... | Limoges..... | Hte-Vienne. |
| | Brugier..... | La Bregère.... | Limoges....... | Limoges... .. | Limoges..... | id. |
| 2. | Bugac...... | Bugeat........ | Bugeat........ | Bugeat........ | Ussel...... | Corrèze. |
| | Bujeleau.. | Bujaleuf....... | Bujaleuf........ | Eymoutiers..... | Limoges..... | Hte-Vienne. |
| 2. | Busserole... | Busseroles...... | Busseroles...... | Bussière-Badil.. | Nontron..... | Dordogne. |
| 2. | Bussière-du-Noise | Bussière-Dunoise | Bussière-Dunoise | Saint-Vaury.... | Guéret...... | Creuse. |
| 2. | Bussière-Galan.. | Bussière-Galant. | Bussière-Galant | Châlus......... | Saint-Yrieix.. | Hte-Vienne. |
| | Bussière-Poehere. | Bussière-Badil . | Bussière-Badil... | Bussière-Badil... | Nontron..... | Dordogne. |
| 2. | Bussierre Poiteuin | Bussière-Poitev.. | Bussière-Poitev. | Mézières........ | Bellac...... | Hte-Vienne |

| Noms de lieux | Orthographe actuelle | Commune | Can'on | Arrondissement | Département | No |
|---|---|---|---|---|---|---|
| Carennac... | Carennac...... | Carennac...... | Vayrac......... | Gourdon.... | Lot. | Cie |
| Causours... | Coubjours...... | Coubjours...... | Hautefort....... | Périgueux... | Dordogne. | Clo |
| Cele........ | La Celle-Corrèze. | La Celle-Corrèze. | Treignac........ | Tulle........ | Corrèze. | Cle |
| Cele-Dunoise | La Celle-Dunoise. | La Celle-Dunoise | Dun........ | Guéret...... | Creuse. | Co |
| Celette...... | La Cellette...... | La Cellette.... | Châtelus....... | Boussac..... | id. | Co |
| Cezeleis.. .. | Sexcles......... | Sexcles........ | Mercœur....... | Tulle........ | Corrèze. | Co |
| Chabanne... | Chabannes..... | Tarnac........ | Bugeat........ | Ussel....... | id. | Co |
| Chabannes.. | Chabannes...... | Laurière....... | Laurière....... | Limoges.... | Hte-Vienne. | Co |
| Chabanoys.. | Chabanais...... | Chabanais...... | Chabanais..... | Confolens... | Charente. | Co |
| Chabon..... | Chambon....... | Chambon..... . | Chambon....... | Boussac..... | Creuse. | Co |
| Chaboliue... | Chamboulive.... | Chamboulive... | Seilhac........ | Tulle....... | Corrèze. | Co |
| Cha-Chervis. | Château-Chervix. | Château-Chervix. | St-Germain les-B | Saint-Yrieix. | Hte-Vienne. | Co |
| Cha-Coutau | Chancoutaud.... | Fromental..... | Bessines....... | Bellac...... | id. | Co |
| Chalard..... | Chalard........ | Peyrat-le-Chât.. | Eymoutiers..... | Limoges.... | id | Co |
| Chalard..... | Le Chalard..... | Le Chalard .... | Saint-Yrieix..... | Saint-Yrieix. | id. | Co |
| Chaleil..... | Chalais........ | Chalais......... | Jumilhac...... | Nontron.... | Dordogne. | Co |
| Châlucet ville ruin | Chalucet....... | Boisseuil...... | Pierrebuffière... | Limoges..... | Hte-Vienne | Co |
| Châlus...... | Châlus......... | Châlus......... | Châlus........ | Saint-Yrieix. | id. | Co |
| Chambanes.. | Cabannes....... | Orliac........ | Corrèze....... | Tulle....... | Corrèze. | Co |
| Chamberet . | Chamberet..... | Chamberet.... | Treignac....... | Tulle....... | id. | Co |
| Chambouran. | Chamborand.... | Chamborand.... | Le Grand-Bourg. | Guéret...... | Creuse. | Cou |
| Chambueil.. | Chaumeil....... | Chaumeil....... | Corrèze........ | Tulle....... | Corrèze.. | Co |
| Chaminac... | Chameyrat..... | Chameyrat...... | Corrèze....... | Tulle....... | id. | Co |
| Champania.. | Champagnac-la-Noaille | Champagnac-la-Noaille | Egletons....... | Tulle....... | Corrèze. | Co |
| Chamsou.... | Chauzeix ...... | Saint-Augustin.. | Corrèze....... | Tulle....... | id. | Co |
| Chanalle.... | Chanac........ | Chanac....... | Tulle........ | Tulle....... | id. | Co |
| Cha-neuf.... | Châteauneuf-la-F | Châteauneuf-la-F. | Châteauneuf-la-F. | Limoges.... | Hte-Vienne. | Cr |
| Chaniers ... | Champniers..... | Reillac et Champniers | Bussière-Badil... | Nontron..... | Dordogne. | Cr |
| Chansac.... | Champsac ..... | Champsac... .. | Oradour-s-Vayres | Rochechouart | Hte-Vienne. | Cr |
| Chapania.... | Champagnac.... | Champagnac... | Oradour-s-Vayres | Rochechouart | Hte-Vienne. | Cr |
| Chapelle-Bl. | Chapelle-Blanche | St-Victurnien... | Saint-Junien.... | Rochechouart | id. | Cr |
| Chapelle-la-Genest | Chapelle-la-Geneste.. | St-Bonnet-l'Enf.. | Vigeois......... | Brive........ | Corrèze. | Cr |
| Chapelle-Spinasse. | La Chapelle-Spinasse. | La Chapelle-Spinasse. | Egletons....... | Tulle........ | id. | Cu |
| Chapey. ... | Champeau..... | Gajoubert...... | Mézières....... | Bellac...... | Hte-Vienne. | Cu |
| Cha-Posat.. | Châteauponsac.. | Châteauponsac. | Châteauponsac.. | Bellac...... | id. | Cu |
| Charnac.... | St-Pierre-Chérig. | St-Pierre-Chérig. | Bourganeuf..... | Bourganeuf.. | Creuse. | Cu. |
| Cha-Sanglar | Champsanglard.. | Champsanglard.. | Bonnat ........ | Guéret...... | Creuse. | Da |
| Chassene.... | Chassenon...... | Chassenon...... | Chabanais..... | Confolens... | Charente. | Da |
| Chastain.. . | Le Chastang ... | Le Chastang.... | Tulle (sud).. . . | Tulle (sud).. | Corrèze. | Da |
| Chastaing .. | Chatein........ | St-Pierre-le-Bord | Royères........ | Bourganeuf.. | Creuse. | Du |
| Châtelus... | Châtelus-le-Marc. | Châtelus-le Marc. | Bénévent-l'Abb.. | Bourganeuf.. | id | Do |
| Châtelus.... | Châtelus-Malval. | Châtelus-Malval . | Châtelus-Malvalv. | Boussac..... | id. | Do |
| Chatemille .. | Chantemille. . | Ahun.......... | Ahun......... | Guéret..... | id. | Do |
| Châtenède... | Azat-Chatenet.. | Azat-Chatenet... | Bénévent....... | Bourganeuf.. | id. | Do |
| Châtenet.... | Châtenet-en-D.. | Châtenet-en-Dog | Saint-Léonard . | Limoges.... | Hte-Vienne. | Dr |
| Chauanac... | Chavanac....... | Chavanac...... | Sornac........ | Ussel....... | Corrèze. | Dr |
| Chaueroche.. | Chaveroche.... | Chaveroche.... | Ussel........ | Ussel....... | id. | Du |
| Chenebiera.. | Chenevières.... | Pageas........ | Châlus........ | Saint-Yrieix . | Hte-Vienne. | Du |
| Cheneraille.. | Chénérailles... | Chénérailles... | Chénérailles.... | Aubusson .. | Creuse. | |
| Cheronat.... | Cheronnac..... | Chéronnac....· | Rochechouart. | Rochechouart | Hte-Vienne. | Ei |
| Chignat.... | Clugnat........ | Clugnat........ | Châtelus....... | Boussac..... | Creuse. | Ei |
| Chirac. .... | Chirac........ | Chirac........ | Neuvic........ | Ussel....... | Corrèze. | Ei |
| Chirac...... | Chirac......... | Chirac......... | Chabanais...... | Confolens... | Charente. | Ei |

| cut | Noms de lieux | Orthographe actuelle | Commune | Canton | Arrondissement | Département |
|---|---|---|---|---|---|---|
|  | Cieus....... | Cieux......... | Cieux......... | Nantiat. ....... | Bellac...... | Hte-Vienne. |
| ?. | Clarauœut.. | Clairavaux..... | Clairavaux. .... | La Courtine. ... | Aubusson. .. | Creuse. |
|  | Clergous.... | Clergoux...... | Clergoux....... | La Roche-Canill. | Tulle....... | Corrèze. |
|  | Cobort...... | Comborn........ | Orgnac. ....... | Vigeois........ | Brive...... | id. |
|  | Cobrolui. ... | Combressol.... | Combressol..... | Meymac........ | Ussel...... | id. |
|  | Coffi........ | Couffy......... | Couffy. ........ | Eygurande..... | Ussel...... | id. |
|  | Colombe ab.. | La Colombe. ... | Tilly. ........ | Belabre........ | Le Blanc. ... | Indre. |
| ic. | Colondanes.. | Collondanes..... | Collondanes.... | Dun........... | Guéret...... | Creuse. |
|  | Colonges.... | Coulonges...... | Collonges...... | La Trimouille . | Montmorillon | Vienne. |
|  | Colonges.... | Coulonges..... | Collonges...... | Meyssac....... | Brive...... | Corrèze. |
|  | Compan. ... | Le Compeix.... | St-Pierre-le-Bost. | Royères........ | Bourguneuf.. | Creuse. |
| ic. | Comprenat.. | Compreignac .. | Compreignac .. | Nantiat........ | Bellac..... | Hte-Vienne. |
|  | Confolan.... | Confolens...... | Confolens...... | Confolens...... | Confolens... | Charente. |
|  | Condac..... | Condat......... | Condat........ | Uzerche....... | Tulle...... | Corrèze. |
|  | Condac..... | Condat........ | Condat...... | Limoges (sud).. | Limoges.... | Hte-Vienne. |
|  | Coniat...... | Cognac........ | Cognac........ | St-Laurent-s.-G. | Rochechouart | id. |
| ne. | Corieu...... | Les Courieux.... | St-Symphorien.. | Nantiat........ | Bellac...... | id. |
|  | Couderc..... | Coudert....... | Clergoux....... | La Roche-Canillac | Tulle....... | Corrèze. |
|  | Couderc .... | Le Couderc..... | St-Rabier...... | Terrasson..... | Sarlat...... | Dordogne. |
|  | Couloures... | Coulaures...... | Coulaures..... | Savignac-les-Egl. | Périgueux... | id. |
|  | Courbefi ch. ruiné | Courbefy....... | St-Nicolas..... | Châlus. ....... | Saint—Yrieix. | Hte-Vienne. |
|  | Cournils.... | Cornil........ | Cornil......... | Tulle (sud).... | Tulle...... | Corrèze. |
|  | Courrèze.... | Corrèze........ | Corrèze....... | Corrèze........ | Tulle....... | id. |
|  | Coussac..... | Coussac-Bonneval | Coussac-Bonnev. | Coussac-Bonnev. | Saint-Yrieix. | Hte-Vienne. |
|  | Couzages ... | Couzages....... | Chasteau-et Couzage. | Larche......... | Brive...... | Corrèze. |
|  | Couzeys .... | Couzeix...... . | Couzeix....... | Limoges (nord). | Limoges.... | Hte-Vienne. |
| e. | Crabona.... | Crabanac....... | Féniers........ | Gentioux...... | Aubusson. .. | Creuse. |
|  | Croissat.... | Cressat....... | Cressat........ | Ahun.......... | Guéret...... | id. |
| c. | Crosmas.... | Cromac........ | Cromac........ | St-Sulpice-les F. | Bellac...... | Hte-Vienne. |
| c. | Crot........ | Crocq......... | Crocq......... | Crocq......... | Aubusson ... | Creuse. |
|  | Crouzile ... | La Crouzille.... | St-Sylvestre. ... | Laurière....... | Limoges..... | Hte-Vienne. |
|  | Crouzile.... | La Croisille ... | La Croisille.... | Chateauneuf-la-F | Limoges..... | id. |
|  | Cubas...... | Cubas......... | Cherveix....... | Hautefort....... | Périgueux... | Dordogne. |
| e. | Cublac..... | Cublac........ | Cublac........ | Larche........ | Brive...... | Corrèze. |
|  | Curemote... | Curemonte... . | Curemonte..... | Meyssac....... | Brive...... | id. |
|  | Cussat...... | Cussac........ | Cussac........ | Oradour-s-Vayres | Rochechouart | Hte-Vienne. |
|  | Dainac..... | Dampniat....... | Dampniat..... | Brive......... | Brive....... | Corrèze. |
|  | Darnet..... | Darnets........ | Darnets........ | Meymac........ | Ussel....... | id. |
|  | Davinac... | Davignac....... | Davignac...... | Meymac........ | Ussel....... | id. |
|  | Dinsat..... | Dinsac........ | Dinsac......... | Le Dorat....... | Bellac..... | Hte-Vienne. |
|  | Dopadour... | Pompadour.... | Arnac-Pompad.. | Lubersac...... | Brive....... | Corrèze. |
|  | Doumeirot.. | Domerot....... | Domerot...... | Jarnages....... | Boussac..... | Creuse. |
|  | Dournazat .. | Dournazac..... | Dournazac.... | St-Mathieu.... | Rochechouart | Hte-Vienne. |
|  | Dozenac.... | Donzenac. ... | Donzenac...... | Donzenac...... | Brive...... | Corrèze. |
| e. | Droulie.... | La Drouille-Blanche | Bonnac........ | Ambazac....... | Limoges.... | Hte-Vienne. |
|  | Drous...... | Droux ........ | Droux........ | Magnac-Laval.. | Bellac...... | id. |
|  | Dun....... | Domps........ | Domps........ | Eymoutiers.... | Limoges.... | id. |
| c. | DunPierre. . | Dompierre..... | Dompierre..... | Magnac-Laval.. | Bellac...... | id. |
| ?. | Eibouleau... | Eybouleuf...... | Eybouleuf..... | St-Léonard.... | Limoges.... | Hte-Vienne. |
|  | Eigurande. . | Aigrande-s-Bonzanne | Aigurande..... | Aigurande..... | La Châtre... | Indre. |
|  | Eimotiers... | Eymoutiers..... | Eymoutiers..... | Eymoutiers..... | Limoges.... | Hte-Vienne. |
|  | Eiren....... | Eyrein......... | Eyrein......... | Corrèze........ | Tulle....... | Corrèze. |

| Noms de lieux | Orthographe actuelle | Commune | Canton | Arrondissement | Département |
|---|---|---|---|---|---|
| Eissaudun... | Issoudun....... | Issoudun....... | Chénérailles... | Aubusson... | Creuse. |
| Essidueil.... | Exideuil....... | Exideuil...... | Chabanais...... | Confolens... | Charente. |
| Eitaniat.... | Etagnae........ | Etagnac........ | Chabanais..... | Confolens.. | id. |
| Ellau...... | Eyjeaux........ | Eyjeaux....... | Pierrebuffière... | Limoges... | Hte-Vienne. |
| Embazet.... | Ambazac....... | Ambazac...... | Ambazac...... | Limoges.... | id. |
| Embrugnac.. | Ambrugeac.... | Ambrugeac.... | Meymac........ | Ussel....... | Corrèze. |
| Engouisse... | Angoisse...... | Angoise...... | Lanouaille.... | Nontron.... | Dordogne. |
| Erables..... | Azerables..... | Azerables..... | La Souterraine.. | Guéret.... | Creuse. |
| Escurande.. | Eygurande...... | Eygurande.... | Eygurande.... | Ussel....... | Corrèze. |
| Esglobons... | Egletons...... | Egletons...... | Egletons..... | Tulle...... | id. |
| Esse....... | Esse.......... | Esse.......... | Confolens (sud). | Confolens... | Charente. |
| Estivaulx... | Etivaux....... | Vicq.......... | Saint-Yrieix.... | Saint-Yrieix. | Hte-Vienne. |
| Eysideuil... | Excideuil...... | Excideuil..... | Excideuil..... | Périgueux... | Dordogne. |
| Farges...... | La Forgue..... | St-Mathieu.... | St-Mathieu.... | Rochechouart | Hte-Vienne. |
| Fauars..... | Favars........ | Favars........ | Tulle......... | Tulle...... | Corrèze. |
| Fauuette.... | La Fauvette.... | Oradour-s.-Glane | St-Junien..... | Rochechouart | Hte-Vienne. |
| Faux....... | Faux-la-Montagne | Faux-la-Montag.. | Gentioux....... | Aubusson... | Creuse. |
| Faye....... | La Faye....... | Oradour-s.-Glane | St-Junien..... | Rochechouart | Hte-Vienne. |
| Faye de Sumilac. | La Faye....... | Jumilhac-le-Gr.. | Jumilhac-le-Gr.. | Nontron.... | Dordogne. |
| Feitiat..... | Feytiat........ | Feytiat........ | Limoges (sud).. | Limoges.... | Hte-Vienne. |
| Feletin..... | Felletin....... | Felletin....,... | Aubusson...... | Aubusson... | Creuse. |
| Flavinac.... | Flavignac...... | Flavignac..... | Châlus........ | St-Yrieix.... | Hte-Vienne. |
| Flayat..... | Flayat........ | Flayat........ | Crocq........ | Aubusson... | Creuse. |
| Foles...... | Folles........ | Folles......... | Bessines...... | Bellac...... | Hte-Vienne. |
| Fomartin... | Font-Martin.... | Darnets........ | Meymac...... | Ussel....... | Corrèze. |
| Foret de-Brigueil | Forêt de Brigueil | St-Brice........ | St-Junien...... | Rochechouart | Hte-Vienne. |
| Forges..... | Les Forges.... | Gouzougnat..... | Jarnages...... | Boussac..... | Creuse. |
| Fornat..... | Sornac........ | Sornac......... | Sornac........ | Ussel....... | Corrèze. |
| Forzes..... | Forgès........ | Forgès........ | Argentat...... | Tulle....... | id. |
| Froisilines.. | Fresselines.... | Fresselines.... | Dun.......... | Guéret..... | Creuse. |
| Froixinet... | Fressinet...... | St-Priest-Ligoure | Nexon........ | Saint-Yrieix. | Hte-Vienne. |
| Frometal... | Fromental...... | Fromental...... | Bessines...... | Bellac...... | id. |
| Galemache.. | La Galemache... | Chatenet-en-D.. | St-Léonard.... | Limoges... | Hte-Vienne. |
| Gartempe... | Gartempe...... | Gartempe....... | St-Vaulry...... | Guéret.... | Creuse. |
| Genestouse. | La Geneytouse.. | La Geneytouse.. | St-Léonard.... | Limoges... | Hte-Vienne. |
| Genouliac.. | Genouillac...... | Genouillac..... | Châtelus...... | Boussac.... | Creuse. |
| Gincion..... | Gentioux....... | Gentioux....... | Gentioux...... | Aubusson... | id. |
| Gimel...... | Gimel......... | Gimel......... | Tulle......... | Tulle...... | Corrèze. |
| Gliandon ... | Glandon....... | St-Yrieix....... | St-Yrieix...... | Saint-Yrieix. | Hte-Vienne. |
| Glanges.... | Glanges....... | Glanges........ | St-Germain-les-B. | Saint-Yrieix. | id. |
| Glenic...... | Glenic........ | Glenic......... | Guéret....... | Guéret..... | Creuse. |
| Gleny...... | Glenic........ | Servière....... | St-Privat...... | Tulle....... | Corrèze. |
| Gloisole.... | Lagleygeolle.... | Lagleygeolle.... | Meyssac....... | Brive...... | id. |
| Gore..... . | Gorre........ | Gorre.......... | St-Laurent-sur-G. | Rochechouart | Hte-Vienne. |
| Gran-Chazau | Les Grands-Chéz. | Les Grands-Chéz. | St-Sulpice-les-F. | Bellac....... | Hte-Vienne. |
| Granges... | Granges d'Ars... | Granges-d'Ars.. | Hautefort....... | Périgueux .. | Dordogne. |
| Grammon ab | Grandmont..... | St-Sylvestre.... | Laurière....... | Limoges... | Hte-Vienne. |
| Grasaigne.. | Grandsaigne.... | Grandsaigne... | Bugeat........ | Ussel....... | Corrèze. |
| Grenor..... | Grenord....... | Chabanais...... | Chabanais..... | Confolens.. | Charente. |
| Gros-Chatain | Gros-Chastang . | Gros-Chastang.. | LaRoche-Canillac | Tulle....... | Corrèze. |
| Gueret...... | Guéret........ | Guéret........ | Guéret........ | Guéret...... | Creuse. |

| Noms de lieux | Orthographe actuelle | Commune | Canton | Arrondissement | Département |
|---|---|---|---|---|---|
| Hautefort | Hautefort | Hautefort | Hautefort | Périgueux | Dordogne. |
| Isle | Isle | Isle | Limoges (sud) | Limoges | Hte-Vienne. |
| Isle-Jourdain | L'Isle-Jourdain | L'Isle-Jourdain | L'Isle-Jourdain | Mont morillon | Vienne. |
| Janailiac | Janailhac | Janailhac | Nexon | St-Yrieix | Hte-Vienne. |
| Janaliac | Genouillac | Genouillac | St-Claud | Confolens | Charente. |
| Janis | Genis | Genis | Excideuil | Périgueux | Dordogne. |
| Jarnage | Jarnages | Jarnages | Jarnages | Boussac | Creuse. |
| Jauerdac | Javerdat | Javerdat | St-Junien | Rochechouart | Hte-Vienne. |
| Joac | Jouac | Jouac | St-Sulpice-les-F. | Bellac | id. |
| Journiac | Jourgnac | Jourgnac | Aixe | Limoges | id. |
| Jugeol | Jugeals | Jugeals | Brive | Brive | Corrèze. |
| Juiliac | Juillac | Juillac | Juillac | Brive | id. |
| Jumiliac | Jumilhac-le-Gra | Jumilhac-le-G. | Jumilhac-le-Gra | Nontron | Dordogne. |
| Junchiere | La Jonchère | La Jonchère | Laurière | Limoges | Hte-Vienne. |
| La Barre | La Barre | Veyrac | Nieul | Limoges | Hte-Vienne. |
| La Borne | La Borne | Blessac | Aubusson | Aubusson | Creuse. |
| La Cassiere | La Cassière | St-Sulpice-les-C. | St-Sulpice-les-C. | Aubusson | id. |
| La Cele | La Celle | La Celle | Treignac | Tulle | id. |
| La Chapelle | La Chapelle | St-Léonard | St-Léonard | Limoges | Hte-Vienne. |
| La Courtine | La Courtine | La Courtine | La Courtine | Aubusson | Creuse. |
| Ladinac | Ladignac | Ladignac | St-Yrieix | Saint-Yrieix | Hte-Vienne. |
| Lado-Peire | Ladapeyre | Ladapeyre | Guéret | Guéret | Creuse. |
| La Fa | Lafat | Lafat | Dun | Guéret | id. |
| La Fage | La Fage | La Fage | Lapleau | Tulle | Corrèze. |
| Lageirac | Lagéras | Châlus | Châlus | St-Yrieix | Hte-Vienne. |
| Lagraulière | Lagraulière | Lagraulière | Seilhac | Tulle | Corrèze. |
| Laguarde | Lagarde | Lagarde | Tulle (sud) | Tulle | id. |
| Laguenie | Laguenne | Laguenne | Tulle (sud) | Tulle | id. |
| La Mazière | La Mazière-Haute | La Mazière-Haute | Eygurande | Ussel | id. |
| La Mirande | La Mirande | Soursac | Lapleau | Tulle | id. |
| La Mote | Lamotte | Latourette | Ussel | Ussel | id. |
| La Moute | Lamotte-Ratier | Saint-Martial | Mézières | Bellac | Hte-Vienne. |
| Lande de la Croyx C | Landes-de-Coly | St-Jean-de-Cole | Thiviers | Nontron | Dordogne. |
| La Noualia | La Nouaille | La Nouaille | La Nouaille | Nontron | id. |
| La Noualie | La Nouaille | La Nouaille | Gentioux | Aubusson | Creuse. |
| La Peirière | La Peyrière | St-Barban | Mézières | Bellac | Hte-Vienne. |
| La Perche | La Perche | Bussière-Dunoise | La Souterraine | Guéret | Creuse. |
| Larche | Larche | Larche | Larche | Brive | Corrèze. |
| La Roche | LaRoche-Canillac | LaRoche-Canillac | LaRoche-Canillac | Tulle | id. |
| Lartige | L'Artige | St-Léonard | St-Léonard | Limoges | Hte-Vienne. |
| La Tours | Rilhac-Lastours | Rilhac-Lastours | Nexon | Saint-Yrieix | Hte-Vienne. |
| Laurens | St-Laurent-s.-G | St-Laurent-sur-G | St-Laurent-sur-G. | Rochechouart | id. |
| Lauriere | Laurière | Laurière | Laurière | Limoges | id. |
| La Valette | La Valette | Auriac | Saint-Privat | Tulle | Corrèze. |
| Le Vial | Laval | Laval | Lapleau | Tulle | id. |
| Le Vinac | Lavignac | Lavignac | Châlus | Saint-Yrieix | Hte-Vienne. |
| Le Dorat | Le Dorat | Le Dorat | Le Dorat | Bellac | id. |
| Le dounion | Dognon | Chatenet-en-Dog. | Saint-Léonard | Limoges | id. |

| Noms de lieux | Orthographe actuelle | Commune | Canton | Arrondissement | Département |
|---|---|---|---|---|---|

| Noms de lieux | Orthographe actuelle | Commune | Canton | Arrondissement | Département |
|---|---|---|---|---|---|
| Leyrac. .... | Alleyrat......... | Alleyrat........ | Meymac........ | Ussel ...... | Corrèze. |
| Leiter. ..... | Lesterps . ...... | Lesterps........ | Confolens (sud) . | Confolens ... | Charente. |
| Lentueil.. ... | Lanteuil. ...... | Lanteuil. ...... | Beynat......... | Brive....... | Corrèze. |
| Le Palays. . | Le Palais....... | Le Palais...... | Limoges (nord). | Limoges .... | Hte-Vienne. |
| Les Bouigas. | Les Bouygas... | Monstier-Vent. . | Egletons. ...... | Tulle. ...... | Corrèze. |
| Les Cars.... | Les Cars. ...... | Les Cars. .. ... | Châlus......... | Saint-Yrieix . | Hte-Vienne. |
| Le Salian ... | Le Saillant...... | Voutezac. ...... | Juillac......... | Brive. ...... | Corrèze. |
| Les Sales. .. | Les Salles-Lavau. | Les Salles-Lav. . | Rochechouart. .. | Rochechouart | Hte-Vienne. |
| Lespau . .... | Lépaud. ....... | Lépaud. ....... | Chambon...... | Boussac..... | Creuse. |
| Les Plas. ... | Les Plats....... | St-Clément et Pl. | Seilhac. ....... | Tulle. ...... | Corrèze. |
| Lestard..... | Lestards. ...... | Lestards. ...... | Bugeat....... .. | Ussel. ...... | id. |
| Liberfat. ... | Lubersac. ...... | Lubersac. ..... | Lubersac....... | Brive. ...... | id. |
| Lignac..... | Liginiac........ | Liginiac........ | Neuvic.. ...... | Ussel. ...... | id. |
| Lymoges. ... | Limoges........ | Limoges. . ... | Limoges. ...... | Limoges..... | Hte-Vienne. |
| Linares.... | Lignareix....... | Lignareix. .... | Ussel. ....... | Ussel. ...... | Corrèze. |
| Linart...... | Linards. ....... | Linards. ...... | Châteauneuf-la-F | Limoges..... | Hte-Vienne. |
| Lindoys.... | Le Lindois....... | Le Lindois. .... | Montembœuf.... | Confolens. .. | Charente. |
| Lissac. ..... | Lissac. ........ | Lissac. ........ | Larche......... | Brive. ...... | Corrèze. |
| Lonzac. .... | Le Lonzac...... | Le Lonzac...... | Treignac....... | Tulle. ...... .. | id. |
| Loubert..... | Loubert. ....... | Loubert. ....... | Saint-Claud..... | Confolens. .. | Charente. |
| Lubinac. ... | Loubignac...... | Arnac-la-Poste.. | St-Sulpice-les-F. | Bellac....... | Hte-Vienne. |
| Luchat. .... | Luchapt........ | Luchapt....... | Isle-Jourdain... | Montmorillon | Vienne. |
| Lusinac-Dura | Lézignac-Durand | Lézignac-Durand | Montembœuf.... | Confolens. .. | Charente. |
| Lussat...... | Lussac-les-Eglises | Lussac-lesEglises | St-Sulpice-les-F. | Bellac....... | Hte-Vienne. |
| | | | | | |
| Madrages... | Madranges...... | Le Lonzac...... | Treignac........ | Tulle. ...... | Corrèze. |
| Magoutière . | Magontière..... | Soudaine-Ia-V. . | Treignac........ | Tulle. ...... | id. |
| Malareys... | Malleret........ | Malleret. ...... | Boussac........ | Boussac..... | Creuse. |
| Maleau.... | Masléon........ | Masléon........ | Châteauneuf. ... | Limoges.... | Hte-Vienne. |
| Malegorce... | Malegorce...... | St-Martin-Sepert | Lubersac....... | Brive. ...... | Corrèze |
| Malemort... | Malemort....... | Malemort....... | Brive.......... | Brive. ... ... | id. |
| Maleual.... | Malval. ....... | Malval......... | Bonnat......... | Guéret...... | Creuse. |
| Maliac..... | Mailhac........ | Mailhac........ | St-Sulpice-les-F. | Bellac....... | Hte-Vienne. |
| Maniat..... | Magnac-Bourg.. | Magnac-Bourg. . | St-Germain-les-B. | Saint-Yrieix . | id. |
| Maniat..... | Magnat........ | Magnat........ | La Courtine .... | Aubusson. .. | Creuse. |
| Maniat..... | Magnac-Laval... | Magnac-Laval... | Magnac-Laval... | Bellac....... | Hte-Vienne. |
| Manot...... | Manot.......... | Manot. ........ | Montembœuf.... | Confolens. .. | Charente. |
| Maraual.... | Marval......... | Marval ........ | Saint-Mathieu... | Rochechouart | Hte-Vienne. |
| Margedo.... | Margerides. .... | Margerides. .... | Bort.......... | Ussel. ...... | Corrèze. |
| Marsat..... | Marsac......... | Marsac......... | Bénévent-l'Abb. | Bourganeuf.. | Creuse. |
| Marsiliat. .. | Marcillac-la-Cr. . | Marcillac-la-Crois | La Roche-Canillac | Tulle. ...... | Corrèze. |
| Massere.... | Masseret. ...... | Masseret. ...... | Uzerche........ | Tulle. ...... | id. |
| Maulac..... | Maussac....... | Maussac. ...... | Meymac........ | Ussel. ..... . | id. |
| Maumon.. .. | Maumond...... | Rosiers........ | Egletons. .. .... | Tulle. ....... | id. |
| Mauriau.... | Mourioux...... | Mourioux. ..... | Bénévent -l'Abb. | Bourganeuf. . | Creuse. |
| Mazeirat. .. | Mazérat........ | Mazérat........ | Ahun......... | Guéret...... | id. |
| Mazieres... | Mézières ...... | Mézières. ...... | Mézières....... | Bellac. ...... | Hte-Vienne. |
| Meise....... | La Meyze....... | La Meyze. ...... | Nexon......... | Saint-Yrieix . | id. |
| Meisat..... | Meyssac........ | Meyssac........ | Meyssac........ | Brive....... | Corrèze. |
| Mellar..... | Meilhards....... | Meilhards. ..... | Uzerche........ | Tulle. ...... | id. |
| Menoire. ... | Ménoire..... .. | Ménoire........ | Argentat....... | Tulle. ...... | id. |
| Mesenes. .. | Maisonnais. .... | Maisonnais.. .. | Saint-Mathieu... | Rochechouart | Hte-Vienne. |

| Noms de lieux | Orthographe actuelle | Commune | Canton | Arrondissement | Département |
|---|---|---|---|---|---|
| *Mestas* | Mestes | Mestes | Ussel | Ussel | Corrèze. |
| *Meymac* | Meymac | Meymac | Meymac | Ussel | id. |
| *Miluache* | Millevaches | Millevaches | Sornac | Ussel | id. |
| *Miremont* | Miremont | Chalvignac | Mauriac | Mauriac | Cantal. |
| *Mobradris* | La Chap.-Montb | La Chapelle-M | Saint-Mathieu | Rochechouart | Haute-Vienne |
| *Mogibaud* | Montgibaud | Montgibaud | Lubersac | Brive | Corrèze. |
| *Moisane* | Moissannes | Moissannes | Saint-Léonard | Limoges | Haute-Vienne |
| *Mombaron* | Montbron | Montbron | Montbron | Angoulême | Charente. |
| *Monbrun* | Montbrun | Dournazac | Saint-Mathieu | Rochechouart | Haute-Vienne |
| *Montagrier* | Montagrier | St-Bonnet-de-B. | Bellac | Bellac | id. |
| *Montaniat* | Montagnac | St-Hyppolite | Egletons | Tulle | Corrèze. |
| *Montchats* | Monchaty | Dournazac | Saint-Mathieu | Rochechouart | Haute-Vienne |
| *Montegu* | Montaigut-le-B. | Montaigut-le-B. | Saint-Vaury | Guéret | Creuse. |
| Montier male Care | Moutiers-Malcars | Moutiers-Malcars | Bonnat | Guéret | Creuse. |
| *Mortemar* | Mortemart | Mortemart | Mézières | Bellac | Haute-Vienne |
| *Mortegoute* | Mortegoute | St-Hyppolite | Egletons | Tulle | Corrèze. |
| *Morterol* | Morterolles | Morterolles | Bessines | Bellac | Haute-Vienne |
| *Moson* | Mouzon | Mouzon | Montembœuf | Confolens | Charente. |
| *Moterolet* | Montrollet | Montrollet | Confolens | Confolens | Charente. |
| *Mounime* | Monime | Bessines | Bessines | Bellac | Haute-Vienne |
| *Mouzac* | Meuzac | Meuzac | St-Germain-les-B. | Saint-Yrieix | Haute-Vienne |
| *Murat* | Murat | Murat | Bugeat | Ussel | Corrèze. |
| *Murat* | Murat | St-Dizier | Bourganeuf | Bourganeuf | Creuse. |
| | | | | | |
| *Nadaliac* | Nadaillac | Nadaillac | Salagnac | Sarlat | Dordogne. |
| *Naliac* | Naillac | Naillac | Hautefort | Périgueux | id. |
| *Natiat* | Nantiat | Nantiat | Nantiat | Bellac | Haute-Vienne |
| *Nantron* | Nontron | Nontron | Nontron | Nontron | Dordogne. |
| *Nazaret* | Nazareth | Jugeals | Larche | Brive | Corrèze. |
| *Nespoul* | Nespouls | Nespouls | Brive | Brive | id. |
| *Nesson* | Nexon | Nexon | Nexon | Saint-Yrieix | Haute-Vienne |
| *Neuuic* | Neuvic | Neuvic | Neuvic | Ussel | Corrèze. |
| *Noaliac* | Noailhac | Noailhac | Meymac | Brive | id. |
| *Noalias* | Noailles | Noailles | Brive | Brive | id. |
| *Noues* | Naves | Naves | Tulle (nord) | Tulle nord | id. |
| *Nouy* | Nouic | Nouic | Mézières | Bellac | Haute-Vienne |
| *Noz* | Noth | Noth | La Souterraine | Guéret | Creuse. |
| *Nozerolles* | Nouzerolles | Nouzerolles | Bonnat | Guéret | id. |
| *Noziers* | Nouziers | Nouziers | Châtelus | Boussac | id. |
| *Nueil* | Nieul | Nieul | Nieul | Limoges | Haute-Vienne |
| | | | | | |
| *Orliac* | Orliac-de-Bar | Orliac-de-Bar | Corrèze | Tulle | Corrèze. |
| *Ormac* | Orgnac | Orgnac | Vigeois | Brive | id. |
| | | | | | |
| *Palays* | Palais | Thoron | Bourganeuf | Bourganeuf | Creuse. |
| *Palier* | Paillier | Gentioux | Gentioux | Aubusson | id. |
| *Palisses* | Palisse | Palisse | Neuvic | Ussel | Corrèze. |
| *Palladen* | Balledent | Balledent | Châteauponsac | Bellac | Haute-Vienne |
| *Panas* | Pageas | Pageas | Chálus | Saint-Yrieix | id. |
| *Panozol* | Panazol | Panazol | Limoges (sud) | Limoges | id. |
| *Pansols* | Pensol | Pensol | Saint-Mathieu | Rochechouart | id. |
| *Paradenes* | Pradines | Pradines | Bugeat | Ussel | Corrèze. |
| *Pardous* | St-Pardoux-la-C. | St-Pardoux-la-C. | LaRoche-Canillac | Tulle | id. |

| Noms de lieux | Orthographe actuelle | Commune | Canton | Arrondissement | Département |
|---|---|---|---|---|---|
| Pardoux-les-Cars. | St-Pardoux-les-C. | St-Pardoux-les-C. | Chénérailles.... | Aubusson... | Creuse. |
| P. de Blanzac | Blanzac......... | Blanzac......... | Bellac ...... | Bellac...... | Haute-Vienne |
| P. de Murat | Murat........... | St-Dizier....... | Bourganeuf.... | Bourganeuf.. | Creuse. |
| P. de St-Martin | Saint-Martin.. | St-Bonnet-de-B.. | Bellac.... | Bellac...... | Haute-Vienne |
| Peirat...... | Peyrat-de-Bellac. | Peyrat-de-Bellac | Bellac......... | Bellac...... | Corrèze. |
| Peirat...... | Peyrat-le-Château | Peyrat-le-Château | Eymoutiers.... | Limoges..... | Haute-Vienne |
| Peiriliat.... | Peyrilhac....... | Peyrilhac..... | Nieul.......... | Limoges..... | id. |
| Peirissat... | Peyrissac....... | Peyrissac..... | Treignac...... | Tulle....... | Corrèze. |
| Peiro Leuado | Peyrelevade.... | Peyrelevade.... | Sornac........ | Ussel...... | id. |
| Peirou...... | Peyroux........ | Liginiac....... | Neuvic....... | Ussel...... | id. |
| Peirou...... | St-Hilaire-Peyr. | St-Hilaire-Peyr.. | Tulle (nord).... | Tulle........ | id. |
| Peizat..... | Payzac......... | Payzac......... | La Nouaille..... | Nontron.... | Dordogne. |
| Penartiges.. | Plénartige..... | Nedde........ | Eymoutiers..... | Limoges.... | Haute-Vienne |
| Peret...... | Péret......... | Péret......... | Meymac....... | Ussel...... | Corrèze. |
| Perigueux.. | Périgueux.... | Périgueux..... | Périgueux..... | Périgueux.. | Dordogne. |
| Perol...... | Pérols......... | Pérols........ | Bugeat........ | Ussel...... | Corrèze. |
| Perpezat... | Perpezac-le-Noir. | Perpezac-le-Noir. | Vigeois........ | Brive....... | id. |
| Perpezat.... | Perpezac-le-Blanc | Perpezac-le-Blanc | Ayen.......... | Brive....... | id. |
| Peuchdamac | Puy-d'Arnac.... | Puy-d'Arnac.... | Beaulieu....... | Brive....... | id. |
| PierreBuffiere | Pierrebuffière.. | Pierrebuffière... | Pierrebuffière... | Limoges.... | Haute-Vienne |
| Ponchazau.. | Pontcharraud... | Pontcharraud... | Crocq......... | Aubusson... | Creuse. |
| Pont de Chateau. | Chateau........ | Sarrazac........ | Lanouaille...... | Nontron.... | Dordogne. |
| Ponthouleil. | Pontchauleix.... | St-Germain-les-B | St-Germain-les-B. | Saint-Yrieix | Haute-Vienne |
| Port Dieu... | Le Port-Dieu... | Le Port-Dieu... | Bort.......... | Ussel....... | Corrèze. |
| Pourcherie.. | La Porcherie.... | La Porcherie... | St-Germain-les-B. | Saint-Yrieix.. | Haute-Vienne |
| Pourio...... | Peuyric........ | Vayrac....... | Nieul.......... | Limoges..... | id. |
| Pournous... | Fournoue....... | Vidaillac...... | Pontarion...... | Bourganeuf.. | Creuse. |
| Prach..... | Brach.......... | St-Priest-de-G... | Tulle (sud)...... | Tulle sud.... | Corrèze. |
| Prich darnac | (1) | | | | |
| Quessac..... | Queyssac....... | Queyssac...... | Beaulieu....... | Brive..... | Corrèze. |
| Quinsac..... | Quinsac........ | Quinsac........ | Saint-Yrieix.... | Saint-Yrieix. | Haute-Vienne |
| Rancon..... | Rancon........ | Rancon........ | Châteauponsac.. | Bellac...... | Haute-Vienne |
| Raze....... | Razès ......... | Razès......... | Bessines....... | Bellac..... | id. |
| Repere..... | Le Repaire..... | Moissannes... | Saint-Léonard.. | Limoges.... | id. |
| Reliat.... | Rilhac-Treignac. | Rilhac-Treignac. | Treignac...... | Tulle....... | Corrèze. |
| Riliat...... | Rilhac-Lastours. | Rilhac-Lastours. | Nexon ....... | Saint-Yrieix. | Haute-Vienne |
| Riliat..... | Rilhac-Rancon.. | Bilhac-Rancon.. | Ambazac....... | Limoges..... | id. |
| Rochebelie... | La Roche-l'Abeil. | La Roche-l'Abeil. | Nexon........ | Saint-Yrieix. | id. |
| Rochefoucaut | LaRoche'oucauld | La Rochefoucauld | La Rochefoucauld | Angoulême.. | Charente. |
| Rochouard. | Rochechouart... | Rochechouart.. | Rochechouart... | Rochechouart | Haute-Vienne |
| Rodes..... | Rodemioule.. | Liourdres...... | Beaulieu...... | Brive...... | Corrèze. |
| Romazieres. | Roumazières.... | Roumazières.... | Chabanais...... | Confolens... | Charente. |
| Rouchete.... | La Rochette..... | St-Yrieix....... | St-Yrieix....... | Saint-Yrieix. | Haute-Vienne |
| Roussat.... | Roussac........ | Roussac........ | Nantiat........ | Bellac...... | id. |
| Rouyere.. | Royère........ | La Roche-l'Abeil. | Nexon......... | Saint-Yrieix.. | id. |
| Rouzede.... | Rouzède....... | Rouzède....... | Montbron...... | Angoulême.. | Charente. |
| Royere..... | Royères...... | Royères...... | St-Léonard..... | Limoges..... | Hte-Vienne |
| Rozier...... | Rosiers-de-Juillac | Rosiers-de-Juillac | Juillac......... | Brive....... | Corrèze. |
| Roziers.... | Rosiers-d'Eglet.. | Rosiers-d'Eglet.. | Egletons....... | Tulle....... | id. |
| Roziers..... | Rouziers....... | Clugnat........ | Châtelus....... | Boussac..... | Creuse. |

(1) Placé sur la carte au nord-est de *Chastain* (Li Chastang), semble la répétition erronée de *Peuchdamac* (Puy-d'Arnac).

| Noms de lieux | Orthographe actuelle | Commune | Canton | Arrondissement | Département |
|---|---|---|---|---|---|
| S. Aimand.. | Herment...... | Herment...... | Herment...... | Clermont.... | Puy-de-Dôme |
| S. Amand.. | St-Amand-le-P.. | St-Amand-le-P.. | Eymoutiers..... | Limoges... | Haute-Vienne |
| S. Angel... | St-Angel...... | St-Angel....... | Ussel...... ... | Ussel.. ... | Corrèze. |
| S. Anie..... | St-Agnan-d'H... | Hautefort..... | Hautefort..... | Périgueux... | Dordogne. |
| S. Anien.... | St-Agnant-de-V. | St-Agnant-de-V. | La Souterraine.. | Guéret...... | Creuse. |
| S. Anien.... | St-Amand-Jart.. | St-Amand-Jart.. | Bourganeuf.... | Bourganeuf.. | id. |
| S. Anien..... | St-Auvent...... | Saint-Auvent.... | St-Laurent-sur G. | Rochechouart | Haute-Vienne |
| S. Anne. ... | St-Anne-St-Priest | Ste-Anne St-P.. | Eymoutiers..... | Limoges... | id. |
| S. Antoine.. | St-Antoine...... | Ussac....... ... | Brive......... | Brive....... | Corrèze. |
| S. Augustin. | St-Augustin..... | St-Augustin ... | Corrèze........ | Tulle....... | id. |
| | | | | | |
| S. Barbe.... | St-Barbant...... | St-Barbant. .... | Mézières...... | Bellac..... | Haute-Vienne |
| S. Benoit du Sault | St-Benoît-du-S.. | St-Benoît-du-S.. | St-Benoît-du-S.. | Le Blanc.... | Indre. |
| S. Brisse.... | St-Brice....... | St-Brice....... | St-Junien...... | Rochechouart | Haute-Vienne |
| S. Bonet.... | St-Bonnet-près-B | St-Bonnet-p.-B.. | Bort.......... | Ussel....... | Corrèze. |
| S. Bonet.... | St Bonnet-la-Riv. | St-Bonnet-la-R.. | Pierrebuffière ... | Limoges..... | Haute-Vienne |
| | | | | | |
| S. Chamas.. | St-Chamant..... | St-Chamant. ... | Argentat........ | Tulle....... | Corrèze, |
| S. Christofle. | St-Christophe... | St-Christophe... | Guéret......... | Guéret..... | Creuse. |
| S. Cir.... | St-Cyr-la-Roche. | St-Cyr-la-Roche. | Juillac......... | Brive...... | Corrèze. |
| S Clemet... | St-Clément et les Plats | St-Clément et les Plats | Seilhac........ | Tulle....... | id. |
| | | | | | |
| S. Desier... | St-Dizier-les-Dom | St-Dizier-les-D.. | Châtelus ...... | Boussac..... | Creuse. |
| S. Dosier... | St-Dizier....... | St-Dizier. ..... | Bourganeuf.... | Bourganeuf.. | id. |
| | | | | | |
| S. Estienne. | St-Etienne-au-C. | St-Etienne-au-C. | Ussel... ...... | Ussel....... | Corrèze. |
| | | | | | |
| S. Faire.... | Ste-Feyre..... | Ste-Feyre..... | Guéret........ | Guéret..... | Creuse. |
| S. Fariole... | Ste-Ferréole... | Ste-Ferréole... | Donzenac. ..... | Brive...... | Corrèze. |
| S. Fiel.. ... | St-Fiel........ | St-Fiel ....... | Guéret....... | Guéret..... | Creuse. |
| S. Fortunade | Ste-Fortunade. . | Ste-Fortunade. . | Tulle (sud).... | Tulle sud.... | Corrèze. |
| S. Frigio... | St-Fréjoux-le-M. | St-Fréjoux-le M. | Ussel.......... | Ussel....... | id. |
| | | | | | |
| S. Gal...... | St-Jal......... | St-Jal ....... | Seilhac........ | Tulle....... | Corrèze. |
| S. Gence.... | St-Gence...... | St-Gence...... | Nieul......... | Limoges ... | Haute-Vienne |
| S. Genie.... | St-Genest...... | St-Genest. .... | Pierrebuffière... | Limoges. ... | id. |
| S. Georges. | St-Georges-la-P. | St-Georges-la-P. | Pontarion..... | Bourganeuf.. | Creuse. |
| S. Germain | St-Germain-Lav. | St-Germain-Lav.. | Sornac........ | Ussel....... | Corrèze. |
| S. Germain. | St-Germain-le-L. | Meymac........ | Meymac....... | Ussel...... | id. |
| S. Germain. | St-Germain-Beau. | St-Germain-B... | La Souterraine.. | Guéret...... | Creuse |
| S. Germain. | St-Germain-les-B | St-Germain-les-B | St-Germain-les-B. | Saint-Yrieix | Haute-Vienne |
| S. Germain. | St-Germain..... | St-Germain. ... | Confolens (sud). | Confolens... | Charente. |
| S. Geruais. | St-Gervais... .. | Videix........ | Rochechouart... | Rochechouart | Haute-Vienne |
| | | | | | |
| S. Hilaire... | St-Aulaire...... | St-Aulaire...... | Ayen.......... | Brive...... | Corrèze. |
| S. Hillere... | St-Hilaire-le-Cha. | St-Hilaire-le-C.. | Pontarion ...... | Bourganeuf.. | Creuse. |
| S. Hillere... | St-Hilaire-Peyr.. | St-Hilaire-Peyr. | Tulle (nord)... | Tulle....... | Corrèze. |
| S. Hillere... | St-Hilaire-les-C. | St-Hilaire-les-C. | Treignac....... | Tulle....... | id. |
| S Hillere... | St Hilaire-Bonn. | St-Hilaire-Bonn. | Pierrebuffière... | Limoges. ... | Haute-Vienne |
| S. Hillere la Tour. | St-Hilaire-Last. | St-Hilaire-Last. | Nexon......... | Saint-Yrieix. | id. |
| S. Hirieys... | St-Yrieix.. .... | St-Yrieix...... | St-Yrieix.. .... | Saint-Yrieix. | id. |
| S. Hirieys. | St-Yrieix-le-Déj. | St-Yrieix-le-Déj. | Egletons....... | Tulle....... | Corrèze. |
| | | | | | |
| S. Idiere.... | Sedières... .... | Clergoux....... | LaRoche-Canillac | Tulle....... | Corrèze. |

| Noms de lieux | Orthographe actuelle | Commune | Canton | Arrondissement | Département |
|---|---|---|---|---|---|
| S. Jauuen... | St-Jouvent...... | St-Jouvent. .... | Nieul......... | Limoges. ... | Haute-Vienne |
| S Jehan.... | St-Jean-Ligoure . | St-Jean-Ligoure | Pierrebuffière... | Limoges. ... | id. |
| S. Julien.... | St-Julien-Vend.. | St-Julien-Vend.. | Lubersac...... | Brive....... | Corrèze. |
| S. Julien . | St-Julien-la-Gen. | St-Julien-la-Gen. | Evaux......... | Aubusson .. | Creuse. |
| S. Junien... | St-Julien p. Bort | St-Julien-p.-Bort | Bort.........• ... | Ussel. ...... | Corrèze. |
| S. Junien... | St-Junien-la Br.. | St-Junien-la-B .. | Royère........ | Bourganeuf.. | Creuse. |
| S. Junien.. | St-Junien..... | St-Junien. .... | St-Junien. .... | Rochechouart | Haute-Vienne |
| S. Jus. .... | St-Just........ | St-Just. ....... | Limoges (sud)... | Limoges. ... | id. |
| S Laurens.. | St-Laurent-sur-G. | St-Laurent-sur-G. | St-Laurent-sur-G. | Rochechouart | Hte-Vienne. |
| S. Laurens. | St-Laurent...... | St-Laurent. ... | Guéret........ | Guéret...... | Creuse. |
| S. Leonard. | St-Léonard. ... | St-Léonard. ... | St-Léonard.... | Limoges..... | Haute-Vienne |
| S. Ligier.... | St-Léger-le-Guér. | St-Léger-le-G. . | St-Vaulry ..... | Guéret...... | Creuse. |
| S. Marie.... | Ste-Marie-Lapa.. | Ste-Marie-Lap. . | Neuvic........ | Ussel...... | Corrèze. |
| S.Marleubaut | St-Marc-à-Loub . | St-Marc-à-Loub . | Gentioux....... | Aubusson... | Creuse. |
| S. Martial.. | St-Martial-de-G . | St-Martial-de-G. | Tulle (sud).... | Tulle ...... | Corrèze. |
| S. Martial.. | St-Martial. .... | St-Martial. .... | Mézières ....... | Bellac. .... | Haute-Vienne |
| S. Martin... | St-Martin-la-M... | St-Martin-la-M. . | LaRoche-Canillac | Tulle. ...... | Corrèze. |
| S. Martin... | St-Martin-Sépert. | St-Martin-Sépert. | Lubersac....... | Brive....... | id. |
| S. Martin... | St-Martin-le-V... | St-Martin-le-V . | Aixe ......... | Limoges. .. | Haute-Vienne |
| S. Martin... | St-Martin-de-Juss | St-Martin-de-Juss | St-Junien...... | Rochechouart | Haute-Vienne |
| S. Martin-Château | St-Martin-Chât. . | St-Martin-Chât.. | Royère........ | Bourganeuf. . | Creuse. |
| S Martin... | St Martin-Ste-C. | St-Martin-Ste-C. | Bourganeuf.... | Bourganeuf.. | id. |
| S. Martin-Teressus | St-Martin-Ter... | St-Martin-Ter... | St-Léonard.... | Limoges. .. | Haute-Vienne |
| S. Martinet . | St-Martinet..... | Mailhac........ | Nexon........ | Saint-Yrieix. | id. |
| S. Mathieu. | St-Mathieu...... | St-Mathieu. .... | St-Mathieu..... | Rochechouart | id. |
| S. Maurice.. | St-Maurice. .... | St-Maurice. .... | La Souterraine.. | Guéret...... | Creuse. |
| S. Maurice.. | St-Maurice-les-B. | St-Maurice-les-B . | Pierrebuffière... | Limoges..... | Haute-Vienne |
| S. Maurice.. | St-Maurice... .. | St-Maurice. .... | Confolens...... | Confolens. .. | Charente. |
| S. Memi.... | St-Mémin ...... | St-Mémin. ..... | Excideuil ..... | Périgueux... | Dordogne. |
| S. Mer. .... | St-Merd-les-Ouss. | St-Merd-les-Ouss. | Bugeat........ | Ussel. ...... | Corrèze. |
| S. Messen... | St-Maixent. .... | St-Maixent. .... | Tulle (nord)... | Tulle ...... | id. |
| S. Oradour . | St-Oradour..... | St-Oradour..... | Crocq......... | Aubusson. .. | Creuse. |
| S. Pardos. . | St-Pardoux.. ... | St-Pardoux... . | Bessines...... | Bellac. .... | Haute-Vienne |
| S. Pardou le Neuf. | St-Pardoux-le-N . | St-Pardoux-le-N | Eygurande...... | Ussel. ...... | Corrèze. |
| S Pardoulx. | St-Pardoux-Lav . | St-Pardoux-Lav . | Royère........ | Bourganeuf . | Creuse. |
| S. Phorien.. | St-Symphorien.. | St-Symphorien.. | Nantiat....... | Bellac. .... | Haute-Vienne |
| S. Pier.... | St-Pierre-Château | Eymoutiers. .... | Eymoutiers.... | Limoges.. .. | id. |
| S.Pierre la Montaig | St-Pierre-la-Mont | St-Léger-la-M... | Laurière...... | Limoges..... | id. |
| S. Pierre... | La Trimouille . | La Trimouille .. | Montmorillon... | Montmorillon | Vienne |
| S. Pol .... | St-Paul-d'Eyj... | St-Paul-d'Eyj... | Pierrebuffière... | Limoges. .... | Haute-Vienne |
| S. Pol..... | St-Paul........ | St-Paul. ...... | LaRoche-Canillac | Tulle. ...... | Corrèze. |
| S. Priech . | St-Priest-les-Ver. | St-Anne-St-Priest | Eymoutiers.... | Limoges.. .. | Haute-Vienne |
| S. Priech... | St-Priest-s.-Aixe | St-Priest-s-Aixe . | Aixe.......... | Limoges.. .. | id. |
| S. Priech... | St-Priest-Ligoure | St-Priest-Ligoure | Nexon ....... | Saint-Yrieix . | id. |
| S. Priech... | St-Priest-Tauriou | St-Priest-Taurion | Ambazac ...... | Limoges. ... | id. |
| S. Priech-Betous. | St-Priest-le-Bet.. | St-Priest-le-B... | Châteauponsac.. | Bellac....... | id. |
| S. Priech-Faugiere | St-Priest-les-F . | St-Priest-les-F. . | Jumilhac-le-Gr.. | Nontron.... | Dordogne. |
| S.Priech-la Feuille | St-Priest la-Feuil. | St-Priest-la-F... | La Souterraine.. | Guéret...... | Haute-Vienne |
| S. Quetin ... | St-Quentin...... | St-Quentin. .... | Chabanais...... | Confolens. .. | Charente. |
| S. Quetin... | St-Quentin. .... | Lesterps. ...... | Confolens (sud).. | Confolens. .. | id. |

| Noms de lieux | Orthographe actuelle | Commune | Canton | Arrondissement | Département |
|---|---|---|---|---|---|
| S. Rabie | St-Rabier | St-Rabier | Terrasson | Sarlat | Dordogne. |
| S. Remi | St-Remy | St-Remy | Sornac | Ussel | Corrèze. |
| S. Robert | St-Robert | St-Robert | Ayen | Brive | id. |
| S. Saluadour | St-Salvadour | St-Salvadour | Seilhac | Tulle | Corrèze. |
| S. Sau | St-Saud | St-Saud | St-Pardoux-la-R. | Nontron | Dordogne. |
| S. Seitie | St-Setiers | St-Setiers | Sornac | Ussel | Corrèze. |
| S. Silvestre | St-Sylvestre | St-Sylvestre | Laurière | Limoges | Haute-Vienne |
| S. Sornin | St-Sornin-la-Mar. | St-Sornin-la-M | Le Dorat | Bellac | id. |
| S. Sulpice | St-Sulpice-le-G. | St-Sulpice-le-G | St-Vaury | Guéret | Creuse. |
| S. Sulpice | St-Sulpice-le-D. | St-Sulpice-le-D. | Dun | Guéret | id. |
| S. Sulpice | St-Sulpice-Laur | St-Sulpice-Laur. | Laurière | Limoges | Haute-Vienne |
| S. Sulpice | St-Sulpice-les-C. | St-Sulpice-les-C. | St-Sulpice-les-Ch. | Aubusson | Creuse. |
| S. Superi | St-Exupéry | St-Exupéry | Ussel | Ussel | Corrèze. |
| S. Thomas | St-Thomas | Bort | Bort | Ussel | Corrèze. |
| S. Tybard | St-Ybard | St-Ybard | Uzerche | Tulle | id. |
| S. Viance | St-Viance | St-Viance | Donzenac | Brive | Corrèze. |
| S. Victurnien | St-Victurnien | St-Victurnien. | St-Junien | Rochechouart | Haute-Vienne |
| S. Vit | St-Vitte | St-Vitte | St-Germain-les-B. | Saint-Yrieix | id. |
| S. Volri | St-Vaury | St-Vaury | St-Vaury | Guéret | Creuse. |
| S. Ypoli | St-Hippolyte | St-Hippolyte | Egletons | Tulle | Corrèze. |
| Sadroit | Sadroc | Sadroc | Donzenac | Brive | Corrèze. |
| Salaniat | Salagnac | Mérignac-l'Eglise | Corrèze | Tulle | id. |
| Sarden | Sardent | Sardent | Pontarion | Bourganeuf | Creuse. |
| Sarlade | Sarlande | Sarlande | Lanouaille | Nontron | Dordogne. |
| Sarou | Sarroux | Sarroux | Bort | Ussel | Corrèze. |
| Sarran | Sarran | Sarran | Corrèze | Tulle | id. |
| Sarrazat | Sarrazac | Sarrazac | Lanouaille | Nontron | Dordogne. |
| Saugon | Saulgond | Saulgond | Chabanais | Confolens | Charente. |
| Sauuiat | Sauviat | Sauviat | St-Léonard | Limoges | Haute-Vienne |
| Sauene | Savennes | Savennes | Bourg-Lastie | Clermont | Puy-de-Dôme |
| Segonzet | Segonzac | Segonzac | Ayen | Brive | Corrèze. |
| Segur | Ségur | Segur | Lubersac | Brive | id. |
| Seicheres | Les Séchères | Aureil | Limoges (sud) | Limoges | Haute-Vienne |
| Seinat | Sagnat | Sagnat | Dun | Guéret | Creuse. |
| Seirac | Seirac | Voutezac | Juillac | Brive | Corrèze. |
| Seliac | Seilhac | Seilhac | Seilhac | Tulle | id. |
| Seliac | Sailliac | Sailliac | Meyssac | Brive | id. |
| Serendou | Serandon | Serandon | Neuvic | Ussel | id. |
| Seriliat | Séreilhac | Sereilhac | Aixe | Limoges...r. | Haute-Vienne |
| Seruiere | Servières | Servières | St Privat | Tulle | Corrèze. |
| Seuries | Suris | Suris | Chabanais | Confolens | Charente. |
| Silvain-Ballerot | St-Sylvain-Bas-le-Roc. | St-Sylvain-Bas-le-Roc. | Boussac | Boussac | Creuse. |
| Solon | Salons | Salons | Uzerche | Tulle | Corrèze. |
| Soloniac | Solignac | Solignac | Limoges (sud) | Limoges | Haute-Vienne |
| Soubrebos | Soubrebost | Soubrebost | Bourganeuf | Bourganeuf | Creuse. |
| Soubreva | Soubrevat (Ste-Claire) | Limoges | Limoges | Limoges | Haute-Vienne |
| Soudaine | Soudaine-Lavin | Soudaine-Lavin. | Treignac | Tulle | Corrèze. |

| Noms de lieux | Orthographe actuelle | Commune | Canton | Arrondissement | Département |
|---|---|---|---|---|---|
| *Soudelias* | Soudeille | Soudeille | Meymac | Ussel | Corrèze. |
| *Sounieres* | La Saunière | La Saunière | Guéret | Guéret | Creuse. |
| *Souteraine* | La Souterraine | La Souterraine | La Souterraine | Guéret | id. |
| *Spaniac* | Espagnac | Espagnac | LaRoche-Canillac | Tulle | Corrèze. |
| *Sussac* | Sussac | Sussac | Châteauneuf-la-F. | Limoges | Haute-Vienne |
| | | | | | |
| *Taillefer* | LaChap.-Taillefer | La Chapelle-T | Guéret | Guéret | Creuse. |
| *Tarnac* | Tarnac | Tarnac | Bugeat | Ussel | Corrèze. |
| *Taurion* | Thauron | Thauron | Pontarion | Bourganeuf | Creuse. |
| *Tauau* | Tavaux | Dournazac | St-Mathieu | Rochechouart | Haute-Vienne |
| *Tay* | Toy-Viam | Toy-Viam | Bugeat | Ussel | Corrèze. |
| Temple damour | Temple-de-Mons. | Varetz | Brive | Brive | id. |
| *Terrosson* | Terrasson | Terrasson | Terrasson | Sarlat | Dordogne. |
| *Tersanes* | Tersannes | Tersannes | Le Dorat | Bellac | Haute-Vienne |
| *Tesson* | Texon | Flavignac | Châlus | Saint-Yrieix | id. |
| *Tilly* | Tilly | Tilly | Bélâbre | Le Blanc | Indre. |
| *Tiviers* | Thiviers | Thiviers | Thiviers | Nontron | Dordogne. |
| *Toulet* | Thollet | Thollet | La Trimouille | Montmorillon | Vienne. |
| Tour d'Austrele | La Tour-St-Aust. | St-Dizier-la-Tour | Chénérailles | Aubusson | Creuse. |
| *Tour de Bar* | Bar | St-Martin-de-J. | St-Junien | Rochechouart | Haute-Vienne |
| *Tour de Bois* | Tour-del-Bos | Ste-Fortunade | Tulle (sud) | Tulle | Corrèze. |
| *Tourdonnet* | Tourdonnet | Chateau-Chervix | St-Germain | Saint-Yrieix | Haute-Vienne |
| *Tourete* | La Tourrette | La Tourette | Ussel | Ussel | Corrèze. |
| *Touron* | Thouron | Thouron | Nantiat | Bellac | Haute-Vienne |
| *Tourtoirac* | Tourtoirac | Tourtoirac | Hautefort | Périgueux | Dordogne. |
| *Treinac* | Treignac | Treignac | Treignac | Tulle | Corrèze. |
| *Troche* | Troche | Troche | Vigeois | Brive | id. |
| *Tudel* | Tudeils | Tudeils | Beaulieu | Brive | id. |
| *Tulle* | Tulle | Tulle | Tulle | Tulle | id. |
| *Turene* | Turenne | Turenne | Meyssac | Brive | id. |
| | | | | | |
| *Ussel* | Ussel | Ussel | Ussel | Ussel | id. |
| *Uzerche* | Uzerche | Uzerche | Uzerche | Tulle | id. |
| *Uzurat* | Uzurat | Limoges | Limoges (nord) | Limoges | Haute-Vienne |
| | | | | | |
| *Vaires* | Vayres | Vayres | Rochechouart | Rochechouart | Haute-Vienne |
| *Vantadour* | Ventadour | Moustier-Vent. | Egletons | Tulle | Corrèze. |
| *Varonie* | Varaignes | Varaignes | Bussière-Badil | Nontron | Dordogne. |
| *Vareille* | Vareilles | Vareilles | La Souterraine | Guéret | Creuse. |
| *Vares* | Vars | Vars | Ayen | Brive | Corrèze. |
| *Vauguyon* | Les Salles-Lav. et Mais. | Les Salles-Lav. | Rochech. et St-Mathieu | Rochechouart | Haute Vienne |
| *Vaus* | St-Marie-de-V. | Ste-Marie-de-V. | St-Laurent-sur-G. | Rochechouart | id. |
| *Vedrenas* | Vedrennes | Egletons | Egletons | Tulle | Corrèze. |
| *Vegene* | Vegennes | Vegennes | Beaulieu | Brive | id. |
| *Veirac* | Veyrac | Veyrac | Nieul | Limoges | Haute-Vienne |
| *Veirieras* | Veyrieres | Veyrieres | Bort | Ussel | Corrèze. |
| *Venarsat* | Venarsal | Venarsal | Donzenac | Brive | id. |
| *Ventegol* | Ventageol | Chaveroche | Ussel | Ussel | id. |
| *Verneuil* | Verneuil-sur V | Verneuil-sur-V. | Aixe | Limoges | Haute-Vienne |
| *Vernolet* | Verneuil | Verneuil | Montembœuf | Confolens | Charente. |
| *Veys* | Veix | Veix | Treignac | Tulle | Corrèze. |

| Noms de lieux | Orthographe actuelle | Commune | Canton | Arrondissement | Département |
|---|---|---|---|---|---|
| Vian........ | Toy-Viam...... | Toy-Viam...... | Bugeat......... | Ussel........ | Corrèze |
| Vic......... | Vicq.......... | Vicq.......... | St-Germain-les-B. | Saint-Yrieix.. | Haute-Vienne |
| Vignols..... | Vignols........ | Vignols. ...... | Juillac......... | Brive....... | Corrèze. |
| Vijolas .... | Vigeois ........ | Vigeois........ | Vigeois ...... | Brive ....... | Corrèze. |
| Vilars. .... | Villard........ | Villard........ | Dun .......... | Guéret....... | Creuse. |
| Villac...... | Vilhac......... | Vilhac......... | Terrasson ..... | Sarlat....... | Dordogne. |
| Ville Dieu... | La Ville-Dieu. | La Ville-Dieu... | Gentioux....... | Aubusson. .. | Creuse. |
| Ville Fravars | Villefavard..... | Villefavard..... | Magnac-Laval... | Bellac....... | Haute-Vienne |
| Ville Messin. | Maison-Vieille. | St-Bonnet-de-B | Bellac......... | Bellac...... | id. |
| Vitrat ..... | Vitrac.......... | St-Maurice. .... | La Souterraine.. | Guéret....... | Creuse. |
| Vitrat ..... | Vitrac..., ...... | Vitrac:......... | Corrèze........ | Tulle........ | Corrèze. |

# COURS D'EAU

| NOMS DE RIVIÈRES | Orthographe actuelle | LEUR CONFLUENT |
|---|---|---|
| Asse fl. (1)....... | L'Asse, rivière..... | Se jette dans le Benaize, affluent de l'Anglin qui l'est lui-même de la Gartempe. |
| Briance fl ....... | La Briance, rivière. | Affluent de la Vienne. |
| Charante fl ..... | La Charente, fleuve. | |
| Creuse fl ........ | La Creuse........ | Affluent de la Vienne. |
| Dourdonne fl..... | La Dordogne, rivière | Affluent de la Garonne avec laquelle elle forme la Gironde |
| Eile fl.... ...... | L'Isle, rivière...... | Affluent de la Dordogne. |
| Gartempe fl ..... | La Gartempe, rivière | Affluent de la Creuse. |
| Gore fl.......... | La Gorre, rivière... | Affluent de la Vienne. |
| Haulte Vezere fl.. | L'Auvézère, rivière. | Affluent de l'Isle. |
| Mode fl.. ....... | La Maulde, rivière. | Affluent de la Vienne. |
| Petite Creuse fl.. | La Petite Creuse, riv. | Affluent de la Creuse. |
| Seue fl.......... | La Semme, rivière . | Affluent de la Gartempe. |
| Taurion fl....... | Le Taurion, rivière. | Affluent de la Vienne. |
| Vezere fl. ...... | La Vézère, rivière.. | Affluent de la Dordogne. |
| Vienne fl........ | La Vienne, rivière . | Affluent de la Loire. |
| Vinçou fl ....... | Le Vincou, rivière.. | Affluent de la Gartempe. |

(1) On remarque que tous ces cours d'eau sont dénommés *fleuves*, usage général au temps de Fayen.

## RIVIÈRES DE LA CARTE DE FAYEN DONT LES NOMS N'ONT PAS ÉTÉ INDIQUÉES PAR LUI.

Les noms en *italique* signalent les rivières portées sans nom

---

*Affluents de la Vienne.* — Rive gauche.

1. La Briance reçoit *la Ligoure* (Châlucet) à gauche, et *la Roselle* (Saint-Paul) à droite.
2. *L'Aixette*, grossie à gauche de *la Rivière de Nexon*.
3. *La Graine* (Grenord).

Rive droite.

1. *L'Aurance* (Soubreval).
2. *La Glane* (Oradour).
3. La Creuse reçoit la Gartempe, grossie, rive gauche, de *l'Ardour* (Marsac), et de *la Couse* (Balledeut) et, rive droite, de l'Anglin, grossi de *la Benaize* (Tilly), qui a reçu elle-même l'Asse.

*Affluent de la Charente.*

*La Tardoire* (La Rochefoucauld), grossie, rive gauche, du *Bandiat* (Nontron).

*Affluents de la Dordogne.* — Rive gauche.

1. *La Diège* (Ussel), grossie de la Sarzonne (1).
2. *La Luzège* (Ventadour).
3. *La Doustre* (Saint-Hippolyte).
4. La Vézère qui reçoit, rive droite : 1° *Le Bradascou* (Condac); 2° *La Loyre* (Objat); 3° rive gauche, la Corrèze, grossie, rive gauche, de *la Montane* (Gimel), et, rive droite, de *la Solane* (2).
5. L'Isle, grossie, rive gauche : 1° de *la Loue* (Coulaures), accrue d'un *petit ruisseau* (Glandon), et 2° de la Haute-Vézère (Auvezère) (2), qui reçoit, rive-droite, *la Boucheuse* ou Mongibaut, augmentée elle-même du *Ruisseau de Coussac-Bonneval.*

---

(1) Ces deux rivières confondues en une seule par Fayen.
(2) L'Auvezère qui rejoint en réalité l'Isle 10 kilomètres *au-dessus* de Périgueux est visiblement conduite *au dessous* par Fayen.

# STATISTIQUE

DES

# NOMS DE LIEUX

| | |
|---|---:|
| Haute-Vienne | 235 |
| Corrèze | 228 |
| Creuse | 113 |
| Dordogne | 35 |
| Charente | 28 |
| Vienne | 9 |
| Indre | 8 |
| Puy-de-Dôme | 2 |
| Cantal | 1 |
| Lot | 1 |
| | 660 |

Soit 523 chefs-lieux actuels de communes et 137 hameaux. 114 localités portent un nom de saint.

## COURS D'EAUX

| | |
|---|---:|
| Nommés | 16 |
| Portés sans nom | 19 |
| | 35 |



Limoges, imp. Vᵉ H. Ducourtieux, 7, rue des Arènes.